hans-joachim
koellreutter

USP UNIVERSIDADE DE SÃO PAULO

Reitor   Marco Antonio Zago
Vice-reitor   Vahan Agopyan

edusp   EDITORA DA UNIVERSIDADE DE SÃO PAULO

Diretor-presidente   Plinio Martins Filho

COMISSÃO EDITORIAL
Presidente   Rubens Ricupero
Vice-presidente   Carlos Alberto Barbosa Dantas
Chester Luiz Galvão Cesar
Maria Angela Faggin Pereira Leite
Mayana Zatz
Tânia Tomé Martins de Castro
Valeria De Marco

Editora-assistente   Carla Fernanda Fontana
Chefe Téc. Div. Editorial   Cristiane Silvestrin

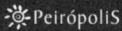

Peirópolis   EDITORA PEIRÓPOLIS

Editora   Renata Farhat Borges

FSC — MISTO — Papel produzido a partir de fontes responsáveis — FSC® C106952

hans-joachim
koellreutter:
ideias de mundo, de música, de educação

teca alencar de brito

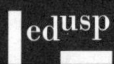

Peirópolis   edusp

Copyright © 2015 Teca Alencar de Brito

Dados Internacionais de Catalogação (CIP)
Angélica Ilacqua CRB-8/7057

Brito, Teca Alencar de
    Hans-Joachim Koellreutter: ideias de mundo, de música, de educação / Teca Alencar de Brito. - - São Paulo: Peirópolis; Edusp 2015.
    152 p.

Bibliografia
ISBN: 978-85-7596-377-7 (Peirópolis)
ISBN: 978-85-314-1557-9 (Edusp)

1. Música - Filosofia e estética 2. Educação 3. Filosofia 4. Koellreutter, H. J. (Hans-Joachim), 1915 I. Título

15-0781   CDD 780.1

Índice para catálogo sistemático:
    1. Música - filosofia e teorias

1ª edição 2015
Direitos reservados à

EDITORA PEIRÓPOLIS LTDA.
Rua Girassol, 310f - Vila Madalena
05433-000 - São Paulo - SP - Brasil
Tel.: (11) 3816-0699
vendas@editorapeiropolis.com.br
www.editorapeiropolis.com.br

EDUSP - EDITORA DA UNIVERSIDADE DE SÃO PAULO
Rua da Praça do Relógio, 109-A, Cidade Universitária
05508-050 - Butantã - São Paulo - SP - Brasil
Divisão Comercial: Tel.: (11) 3091-4008/3091-4150
e-mail: edusp@usp.br
www.edusp.com.br

Foi feito o depósito legal.

À memória de Hans-Joachim Koellreutter, mestre e amigo que, dentre tantas e tão valiosas lições, me ensinou a sonhar com um novo mundo.

A meu pai, com amor, gratidão e respeito.

Agradecimentos

Agradeço a Carlos Kater, Hélio Ziskind, Mauro Muszkat, Saulo de Tarso, Sérgio Villafranca, Silvio Ferraz e Wilson Melo pelas contribuições essenciais ao desenvolvimento deste trabalho.

Agradeço a Renata Farhat Borges e à Editora Peirópolis por mais uma parceria, pelo entusiasmo e pela crença na importância de compartilhar as ideias do mestre Koellreutter, cujo centenário celebramos neste ano de 2015. Nesse sentido, agradeço também à Edusp, pela coedição desta obra.

Sumário

Prefácio   13

I - Koellreutter: "por quê?" - À maneira de uma introdução   16

II - Koellreutter: *Panta Rhei* - O fluir no tempo   20
    Hans-Joachim Koellreutter no Brasil   26
        Da chegada ao final da década de 1950   26
        Dos anos 1960 a meados da década de 1970   29
        A partir de 1975: aprofundamento dos princípios e conceitos   31
    Koellreutter, *músico vivo* animador - *Música Viva* e Koellreutter   33

III - Koellreutter: em busca do equilíbrio dos contrários   40
    Circulando pelo território do pensamento koellreutteriano   43

IV - Koellreutter teórico: planos do pensamento   48
    As ideias de música   49
    A questão da consciência   55
    Entre a música e a consciência   64
        Conceito mágico de tempo - nível mágico da consciência   67
        Conceito de tempo psíquico-intuitivo - nível pré-racionalista da consciência   68
        Conceito cronométrico de tempo - nível racionalista da consciência   69
        Conceito de tempo acronométrico ou acrônico - nível arracional da consciência   70

V – Teorias na prática: planos da ação/produção   **74**

   Koellreutter compositor: *contraria sunt complementa*   75

      Invenção   77

      Música 1941   78

      Três peças para piano   80

      Concretion   83

      Acronon   86

      Wu Li   90

      Coda   92

   Koellreutter educador: mestre Wu Li   95

      O palhaço   104

VI – "Morto é o culpado; não o assassino" – À maneira de uma conclusão   **110**

Terminologias e conceitos atualizados por Koellreutter   **117**

Índice remissivo   **139**

Referências   **145**

Prefácio
por Mauro Muszkat

Prefaciar este livro é, para mim, um privilégio, tanto pela admiração incondicional ao trabalho da Teca, educadora e musicista excepcional, quanto pela brilhante síntese que a obra faz do pensamento desse grande humanista e mestre, cidadão do mundo, com quem tive a honra não só de estudar, mas de compartilhar a amizade e os ensinamentos ao longo de muitos anos.

A obra, com sua narrativa ágil e orgânica, consegue cartografar o percurso e as ideias essenciais de um dos músicos de maior importância do Brasil contemporâneo, talvez o maior educador que já tivemos, um pensador cuja extensão de interesses e fluência transcendia a música para tangenciar a física relativista, a fenomenologia, a filosofia da arte e, sobretudo, a educação musical.

Conciliando erudição, concisão narrativa e simplicidade, o texto transpira em cada parágrafo um extremo prazer e uma grande familiaridade e identificação com o pensamento do professor Koellreutter, que, tenho certeza, ficaria extremamente comovido pela clareza, profundidade e transparência (um termo que ele utilizava com frequência) da narrativa. Bela e necessária homenagem ao grande mestre, feita por uma das suas principais alunas, e também amiga.

O livro remete-nos a reflexões filosóficas amplas sobre o papel da música na formação do ser humano integral, diante da impossibilidade estética, perceptiva e filosófica da chamada música pura. Situa e questiona o papel do educador musical na abertura para a criação e o novo, colocando-nos diante da necessidade de uma nova terminologia da música como forma e veículo de refletir o homem. Nesse sentido,

Hans-Joachim Koellreutter: ideias de mundo, de música, de educação, além de instigante, penetra em uma perspectiva filosófica e histórico-estética muito abrangente que, apesar de se originar de uma dissertação de mestrado, transcende o acadêmico e aceita o desafio de rediscutir a evolução dos conceitos de arte, da audição e da integração das artes. Além dessa abrangência, inclui uma síntese dos conceitos e da terminologia tão particular de Koellreutter, recurso didático extremamente efetivo para que o leitor não familiarizado compreenda a originalidade do pensamento musical e filosófico do compositor – sistêmico e complexo – em uma época na qual não se falava em complexidade e não se conhecia Morin, Maturana, Varela ou Bateson.

Teca, em suas análises e reflexões, avança e nos dá pistas através da *Gestalt*, da fenomenologia, da física relativista, do zen, do hinduísmo, trazendo ainda uma fonte musicológica originalíssima: a contribuição do pensamento do músico suíço Ernest Ansermet, contemporâneo do professor, fazendo assim um paralelismo muito interessante no desenvolvimento da consciência musical no Ocidente.

No capítulo "A questão da consciência", a autora retoma o papel da consciência, central para Koellreutter, na escuta musical e na criação do novo. Nesse sentido, é fundamental entendermos que, para ele, o papel essencial da música é conscientizar. A consciência transcende e integra os conceitos do sensorial e do self: o professor nos descortina sua visão holística enraizada na fenomenologia, que, partindo da unidade das essências e da vivência em experiências sensíveis, não separa ser e conhecer, sujeito e objeto, sensação e percepção, inserindo a vivência da arte no território do sensível, do sinestésico, que não separa o ser do mundo.

A consciência é como um fenômeno unitário, mas, às vezes, não intencional nem autorreflexiva, pode ser ligada a processos mais primários e primitivos. A polissensorialidade e a multidimensionalidade de muitas obras musicais contemporâneas são capazes de nos deslocar do nível atencional para o corporal, restituindo, por meio da música, um sentido unificado da experiência, não fragmentado pelas relações tempo-dependentes. Tais poéticas podem nos remontar a uma condição primária mais autêntica, pré-objetal e, portanto, mais sinestésica, como a das crianças, que têm a consciência mais próxima ao corpo e aos sentidos, e mais distanciada dos pontos de articulação intelectuais e referenciais.

Assim, Teca reflete, junto com Koellreutter, que algumas formas de consciência podem criar também um empobrecimento, já que afastam o homem das riquezas da vida originária, de sua estrutura corporal e sensorial mais primitiva. O próprio professor, quando ouvia música ou conceitos que o impactavam, apresentava um verdadeiro sequestro emocional. Ficava tão tomado emocionalmente que, muitas vezes, interrompia o que estava fazendo, seja uma aula ou uma reunião: "Agora, meus amigos, não posso continuar. Vamos para casa, refletir... É impossível falar qualquer coisa".

No capítulo "O morto é o culpado, não o assassino", Teca expressa, por meio da frase lapidar de Koellreutter, não só as ideias do professor, mas a sua própria visão inovadora como musicista e educadora. Aceitando o desafio do novo, do choque que conscientiza, convida-nos a deixar de lado nossos modelos causais e assumir a responsabilidade da arte na vida, da arracionalidade da ação. Nesse momento, não se distinguem a autora, escritora-discípula, e Koellreutter, personagem-mestre. Faz-se a sinérise, a unidade das partes falando do todo, o diálogo onijetivo Teca e Koellreutter, na construção de uma educação musical pré-figurativa combativa, que integra ação e não ação, som e silêncio, objetividade e subjetividade, como valores complementares e indissociáveis, em um convite irresistível de leitura que nos inspira a criar novas metáforas para a vida, como fascinante música das ideias.

I – Koellreutter: "por quê?"
À maneira de uma introdução

Não acreditem em nada do que dizem os livros.
Não acreditem em nada do que dizem seus professores.
Não acreditem em nada do que vocês veem ou pensam,
e também não acreditem em nada do que eu digo!
Perguntem sempre "por quê?" a tudo e a todos.
Lembrem-se de perguntar "por quê?" logo cedo, ao acordar.

Por quê? – alfa e ômega, princípio e fim da ciência e da arte.
Hans-Joachim Koellreutter

Para Hans-Joachim Koellreutter (1915-2005), músico, compositor, ensaísta e educador alemão naturalizado brasileiro, a música era, primeiramente, "um meio de **comunicação**, um veículo para a transmissão de ideias e pensamentos daquilo que foi pesquisado e descoberto ou inventado"; também uma manifestação da **consciência** que revela e comunica o ser e estar do humano na **cultura**. Comunicando, informando, proporcionando vivências e estimulando reflexões, a música transportaria para o novo.

Convicto da contribuição da música "para o alargamento da consciência e para a modificação do homem e da sociedade" (KOELLREUTTER, 1997, p. 72), dedicou-se a criar e comunicar a música do transparecer do novo mundo, acreditando que uma nova escuta, de uma música nova, contribuiria com a formação da consciência de um novo homem, de um novo tempo. Assim, comportou-se como um entusiasmado porta-voz da nova imagem do mundo, que dinâmica e continuamente apreendeu.

Entre o circular do movimento, Koellreutter instaurou um pensar com múltiplas entradas, em dinâmico e contínuo processo de construir, conectar, rever, repensar... Estabelecendo relações entre a consciência e o fato musical, no plano subjetivo (de um indivíduo) e no coletivo (da cultura), ele buscou contextualizar e significar a presença e a função da música nas sociedades no decurso sócio-histórico, ressignificando e redimensionando também seu fazer artístico.

Vou, aqui, discorrer sobre ideias. Ideias de música e comunicação; de mundo; de ser; de educar; de conscientizar... Ideias de um artista/ educador/criador de conceitos disposto a perceber, conscientizar e comunicar o diferente que no *eterno retorno* se repete, a cada dia, em cada momento.

Alerto para o fato de que, tendo estudado e convivido com Hans-Joachim Koellreutter ao longo de mais de vinte anos, ao apresentar e relacionar parte de suas ideias, conceitos e proposições, deixo emergir outro Koellreutter, transformado e integrado aos planos de minha vivência e experiência, que, para além daqueles relacionados à rede de conhecimentos e reflexões, terminou por se integrar em um efetivo afeto, no pleno sentido da palavra. Ser afetada pelas ideias e proposições de Koellreutter, mas também pelo ser e estar daquele mestre querido e amigo gentil, sempre disposto a compartilhar, a estimular o refletir... com humor, atenção, cuidado e muito rigor, também.

Em *Koellreutter educador – o humano como objetivo da educação musical* (Peirópolis, 2001), dediquei-me a apresentar e refletir sobre o pensamento pedagógico do professor, uma vez que a educação musical, meu campo prioritário de interesse e atuação, foi responsável, inclusive, pelo aprofundamento de meus estudos com ele.

Este livro, por sua vez, é uma adaptação de minha dissertação de mestrado, realizada no Programa de Comunicação e **Semiótica** da PUC São Paulo, a qual inter-relacionou o **todo** do pensamento koellreutteriano. Pensamento entendido como um mapa de cruzamentos e convergências, de linhas de fuga e encontros; como um território que flui no transparecer esférico em que a música, a arte, a ciência, a educação e, enfim, a vida constituem a inteireza. Refletido em ações, palavras, escritos, composições e projetos pedagógicos, tal pensar tornou-se, quase obsessivamente, jogo do criar, do expressar e comunicar um novo mundo. Mundo em construção, em que cada integrante é responsável pelo emergir bem como pelo transformar.

Procurei, aqui, relacionar as ideias de música a tantas outras próprias a Koellreutter, dentre as quais a mais importante talvez seja a de educar pela e para a **transformação**. Ideias de um artista e educador disposto a perceber e conscientizar o diferente que no "eterno retorno" se repete, a cada dia, em cada momento.

Por fim, informo ao leitor que as palavras em negrito no corpo do texto indicam sua inserção no capítulo "Terminologias e conceitos atualizados por Koellreutter".

II – Koellreutter: *Panta Rhei*[1]
O fluir no tempo

Num mundo em que tudo flui, aquilo que não se renova
constitui um obstáculo, um estorvo!
Hans-Joachim Koellreutter

Koellreutter nasceu em Freiburg, Alemanha, em 2 de setembro de 1915[2]. Filho do médico Wilheim Heinrich Koellreutter e de Emma Maria Koellreutter, falecida em 1918, estudou música desde jovem e contou, várias vezes, que seu interesse musical despertou com a descoberta de uma flauta guardada no armário de um quarto onde ele foi deixado de castigo por um "bom tempo", já que foi um garoto "levado", educado em um ambiente severo e rigoroso. Vale lembrar que Koellreutter enfrentou muitos problemas de relacionamento com sua madrasta, com quem seu pai se casou em 1923 e, mais tarde, com quase toda a família, especialmente por divergências políticas. Seu pai, que foi médico pessoal do rei da Suécia, era monarquista, enquanto o tio, professor de direito internacional, foi amigo pessoal de Adolf Hitler.

Koellreutter combateu o nazismo veementemente, rompendo relações de modo definitivo com a família (à exceção de sua irmã, artista plástica, responsável por cunhar seu apelido de infância: Loschi) em 1934, ano em que se mudou para Berlim. Foi também por motivos políticos que, três anos depois, ele veio para o Brasil com Ursula Goldschmid, sua noiva judia, com quem ele se casou em primeiras núpcias em 1938.

---

1. Do grego "Tudo flui", frase do filósofo Heráclito que intitula uma das composições de Koellreutter.
2. Uma cronologia detalhada pode ser encontrada em KATER, 1997 e 2001.

Entre 1934 e 1936, ele estudou na Staatliche Akademische Hochschule für Musik, em Berlim, teve aulas de flauta com Gustav Scheck (1901-1984), de piano com C. A. Martienssen (1881-1955), de musicologia com Georg Schuenemann (1884-1945) e Max Seiffert (1868-1948) e de composição e regência coral com o regente alemão Kurt Thomas (1904- 1973). Nessa época, também frequentou cursos e conferências sobre composição moderna orientados pelo compositor Paul Hindemith (1895-1963), na Volkshochschule.

Em 1935, o compositor alemão fundou, em Berlim, o Arbeitskreis fuer Neue Musik (Círculo de música nova), em companhia de Dietrich Erdmann (1917-2009), Ulrich Sommerlatte (1914-2002) e Erich Thabe (1915-), dentre outros, sendo um dos principais objetivos do movimento reagir à política cultural nazista. E, nesse mesmo ano, apresentou-se como flautista em recitais, em Paris.

Koellreutter concluiu seus estudos musicais no Conservatoire de Musique, em Genebra, visto que foi expulso da Staatliche Aakadenusche Hochschuke für Musik em 1936, por sua postura política. Lá, ele estudou com o flautista francês Marcel Moyse (1889-1984) e, na mesma época, participou de cursos extracurriculares em Neuchatel, Genebra e Budapeste, orientados pelo regente Hermann Scherchen (1891-1966), personalidade que influenciou sobremaneira sua formação pessoal e musical.

Dotado de uma forte e interessante personalidade, Scherchen desenvolveu intensa e dinâmica atividade intelectual e cultural. Além de regente, foi um dos pioneiros da rádio, atuando como teórico, pedagogo, conferencista, escritor, editor e grande divulgador da música nova de todas as épocas. Apresentou, em primeira audição, **obras musicais** fundamentais como *Concerto*, de Alban Berg (1885-1935), e *Déserts*, de Edgard Varèse (1883-1965), além de composições de Arnold Schoenberg (1874-1951), Anton Weber (1883-1945), Paul Hindemith (1895-1963), Serge Prokofiev (1891-1953), Igor Stravinsky (1872-1971), Luigi Dallapicola (1904-1975), Luigi Nono (1924-1990), Hans-Werner Henze (1926-2012), entre outros.

Entre 1933 e 1936, em Bruxelas, Bélgica, Scherchen criou um movimento intitulado Música Viva (editando um periódico com o mesmo nome) cujo principal objetivo era promover a divulgação da nova música.

Em decorrência de problemas políticos advindos de seu envolvimento em atividades antifascistas, Koellreutter veio para o Brasil em 1937. Chegou ao Rio de Janeiro a bordo do navio Augustus, no dia 16 de novembro.

O jovem Koellreutter desembarcou em solo brasileiro trazendo consigo as experiências vivenciadas até então, com ênfase para aquelas compartilhadas com Scherchen, encontrando aqui um ambiente propício a realizações. Logo percebeu a necessidade de implantar uma "ação metódica e sistemática de educação musical" (KATER, 1997, p. 131), fato que sinaliza a importância e a prioridade conferidas por ele, desde então, às questões sobre formação musical e cultural.

Em entrevista ao educador e musicólogo Carlos Kater, Koellreutter comenta o surgimento de seu interesse pela educação musical no Brasil:

> Posso definir muito claramente. Logo que cheguei ao Brasil, subloquei um quarto na rua Paissandu, no Rio de Janeiro. Lembro-me de um dia em que estava lá, sentado diante de uma mesa redonda, refletindo sobre as experiências que havia feito nos primeiros meses de minha chegada. Pensei em como poderia me tornar útil a este país, que tão generosamente me acolhia, uma vez que vim para cá como emigrante político e fui, posteriormente, "apatriado". [...] Vim para cá como flautista, como concertista de flauta, e, por isso, me perguntei até que ponto um profissional desses seria realmente útil num país como o Brasil. Cheguei à conclusão de que não seria importante, em última análise. [...] Concluí que aqui se deveria desenvolver uma ação metódica e sistemática de educação musical. Então, a seguir, comecei a estudar a situação da educação musical. Não comecei a trabalhar, comecei a estudar a partir das aulas que dava, de viagens que fiz, como aquela grande turnê pelo norte do país até Manaus, que foi uma das primeiras; e depois outra pelo sul, a convite da Instrução

musical ou Instrução artística, que promovia esses tipos de concertos (KOELLREUTTER *apud* KATER, 1997, p. 131).

A longa vivência e convivência de Koellreutter no Brasil foi entrecortada por viagens e estadias no Oriente (Índia e Japão) e na Europa.

Sua personalidade – investigativa, curiosa, propensa ao transformar e ao integrar – "alquimizou" conhecimentos, ideias e conceitos, que transitaram pelos escritos de Mário de Andrade (1893-1945); pela **fenomenologia**, especialmente sob o ponto de vista do filósofo francês Maurice Merleau-Ponty[3] (1908-1961); pela teoria da *Gestalt*[4]; pela história das artes, destacando a obra e o pensamento de Piet Mondrian (1872-1945); pela física moderna (a teoria da relatividade e a mecânica quântica); pela teoria da **informação** e, obviamente, pelo universo de conhecimentos referente à música – do Ocidente e do Oriente, da Antiguidade ao mundo contemporâneo.

O compositor foi responsável por um grande número de ações e iniciativas no cenário cultural e musical brasileiro, iniciadas no final da década de 1930 e estendidas por todo o século XX.

Mais do que introduzir a técnica atonal-dodecafônica de composição, nos anos 1940, Koellreutter instituiu aqui os cursos de férias; levou o *jazz* e a música popular para as instituições de ensino, questionando, desde então, concepções e práticas pedagógicas que ele considerava ultrapassadas. Atualizou a terminologia musical, buscando adequá-la à música nova; reformulou e criou conceitos, contaminando várias gerações de músicos, como compositores, intérpretes, educadores, que,

---

3. *A fenomenologia da percepção*, obra de Merleau-Ponty, foi o primeiro livro indicado na bibliografia do curso de atualização pedagógica (FAP-Arte/SP), ministrado por Koellreutter a partir de 1979, do qual participei.

4. A psicologia da *Gestalt* surgiu nas primeiras décadas do século XX, resultante de estudos e pesquisas desenvolvidos na área da psicologia da percepção por Christian von Ehrenfels, Kurt Kofka e Max Wertheimer, dentre outros. Primava pela consideração das relações entre as partes e pela determinação da percepção do todo, trazendo novas perspectivas em relação à maneira como o ser humano percebe o mundo (BRITO, 2001, p. 154).

direta ou indiretamente, foram afetados por suas ideias e realizações. Por tudo isso, o educador musical e musicólogo brasileiro Carlos Kater acertadamente lhe conferiu o título de "professor de música do Brasil".

A longa trajetória profissional de Koellreutter permite identificar fases, seja em seu trabalho como compositor, seja como educador, ensaísta, pensador, que evidenciam a unidade e a coerência presentes em seu permanente movimento de ação-reflexão-transformação. Um "fio vermelho"[5] conduziu seus questionamentos e reflexões, em um movimento contínuo, gerador de novas maneiras de perceber e conscientizar o mundo.

Ele faleceu em São Paulo, no dia 13 de setembro de 2005, nove dias após ter completado noventa anos.

---

5. O "fio vermelho" é uma expressão bastante utilizada por Koellreutter para se referir ao fio condutor que, integrando e relacionando conteúdos e atividades, garante unidade e coerência ao projeto pedagógico-musical.

Hans-Joachim Koellreutter no Brasil

Com o objetivo de ampliar e facilitar a compreensão acerca do pensamento de Koellreutter, mas sem a intenção de detalhar sua trajetória profissional no Brasil histórica e/ou cronologicamente, organizei sua jornada reconhecendo a presença de três grandes fases.

Da chegada ao final da década de 1950

H. J. Koellreutter já era um nome internacional como flautista de concerto e um regente promissor quando deixou sua Freiburg natal, em 1937, fugindo do nazismo e da própria família, partidária do regime nacionalista alemão. Tinha 22 anos e uma noiva judia. No Brasil, onde aportou, em pouco tempo tomou contato com aqueles que viriam a ser seus "futuros amigos e inimigos". De Villa-Lobos, ele conta, ganhou de imediato a simpatia e um convite para assistir a "um filme sobre indígenas". Em pouco tempo, descobriu qual deveria ser seu "caminho principal" no país que acabara de adotar: a influência ideológica por meio do ensino. **Ideologia** que ele define não como política, mas como "holística". Assim foi (PORTO, 2000).

A primeira etapa da convivência de Koellreutter entre os brasileiros foi marcada pela aproximação e pelo reconhecimento da realidade local (dos pontos de vista econômico/político/cultural/artístico/social), pelo início da atuação profissional (como compositor, flautista e professor) e pela implantação de ideias, atitudes e concepções. Estas enfrentaram reações tradicionalistas adversas, mas resultaram também na concretização de projetos de efetiva e significativa importância para o ambiente musical e cultural do país, não só daquele período, evidentemente.

Koellreutter desembarcou no Rio de Janeiro em 16 de dezembro de 1937. Logo deu início a atividades profissionais na área musical que, já nessa primeira fase, se estenderam para outros estados do país. Apesar disso, enfrentou problemas de sobrevivência que o obrigaram a trabalhar em outros setores.

Em 1939, trabalhou como gravador numa tipografia prestadora de serviços para as Edições Arthur Napoleão, no Rio de Janeiro, transferindo-se para São Paulo em 1940, em virtude da venda da citada editora para as Edições Mangione.

Koellreutter enfrentou problemas de saúde em consequência do manuseio de chumbo, ficando inativo por um período de dois a três meses, em 1941, etapa que culminou com a sua estadia, durante um mês, em Itatiaia, Rio de Janeiro, na residência de seu amigo Theodor Heuberger (1898-1987).

Heuberger, pintor, animador cultural e fundador da Pró-Arte, era também proprietário da loja Casa e Jardim, em São Paulo, onde Koellreutter trabalhou como limpador de janelas, responsável pelo almoxarifado e vendedor. Isso ocorreu em 1942, após ele ter ficado preso por aproximadamente três meses em regime de "internação política", acusado indevidamente de ser nazista, quando da entrada do Brasil na Segunda Guerra Mundial.

Depois de libertado, foi convidado por um companheiro de prisão para trabalhar como vendedor de guarda-chuvas e papel-carbono, o que fez por um período curto, sem muito sucesso.

Em 1938, no entanto, Koellreutter já lecionava matérias teóricas e flauta transversal no Conservatório Brasileiro de Música, no Rio de Janeiro, dirigido pelo compositor Oscar Lorenzo Fernandez (1897-1948). Começou, logo depois, a dar aulas particulares e a estudar saxofone com Luiz Americano (1900-1960), trabalhando como flautista e saxofonista no restaurante Danúbio Azul, na Lapa.

Foi nessa época que Koellreutter lecionou no Colégio Brasileiro de Almeida, de propriedade da mãe do músico Antônio Carlos Jobim (1927-1994), para quem deu aulas de iniciação musical e piano.

Dentre os projetos ligados à música desenvolvidos nesse período, destaco a criação do Grupo Música Viva (tomando de empréstimo o nome cunhado por Scherchen), iniciado no Rio de Janeiro, em 1939, e em São Paulo, em 1944, estendendo-se até 1950 e sendo, talvez, a ação de maior envergadura, quer pelas realizações em seu tempo presente, quer pelas consequências posteriores. De grande importância foram também a implantação dos Cursos Internacionais de Férias Pró-Arte (1950-1960/Teresópolis, RJ), os projetos da Escola Livre de Música de São Paulo Pró-Arte (1952/São Paulo e 1953/Piracicaba-SP) e a criação dos Seminários Internacionais de Música (1954-1962, futura Escola de Música e Artes Cênicas da Universidade Federal da Bahia – UFBA).

Nessa etapa, o professor adotou o dodecafonismo como técnica composicional, também apresentada a seus alunos. O compositor Cláudio Santoro (1919-1989) foi o primeiro a se iniciar na técnica dodecafônica e, segundo informou Koellreutter, Santoro já apresentara características seriais na sua *Sinfonia para duas orquestras de corda*, escrita antes de seu contato com o compositor alemão.

Transcendendo o território da criação musical, a utilização da técnica dodecafônica instigou um movimento com posicionamentos e debates (prós e contras) que adentraram o terreno social, e mesmo político.

Em meados da década de 1950, o compositor realizou sua primeira viagem ao Oriente, iniciando um processo de profundas transformações em seu pensar/sentir/atuar. Correspondendo-se com o professor Tanaka Satoshi, com quem trocou cartas durante o período de 1974 e 1975[6], afirmou:

> A experiência musical e emocional que vivi no ano de 1953, quando, pela primeira vez, estive no Japão, ao entrar em contato com a música da corte japonesa, exerceu influência decisiva em minha atividade criadora e artística. Não no sentido de uma mudança provocada por essa experiência,

---

6. Publicadas em KOELLREUTTER, 1983.

mas, sim, no de uma confirmação de ideais estéticos que foram os meus, desde a juventude (KOELLREUTTER, 1983, p. 17).

Koellreutter casou-se, pela segunda vez, em 1945, com Geny Marcondes (1917-2011). Pianista, compositora, arranjadora, artista plástica e educadora, Geny participou ativamente das atividades do Grupo Música Viva. Em 1958, o compositor casou-se pela terceira vez, com Maria Angélica Bahia.

Dos anos 1960 a meados da década de 1970

Esse período foi marcado por longas ausências, já que Koellreutter viveu na Alemanha, na Índia e no Japão, retornando definitivamente ao Brasil em 1975.

Em 1962, passou um ano como artista residente em Berlim, premiado pela Fundação Ford pelos 25 anos de serviços prestados ao país. Nesse período, teve a oportunidade de conviver com Yannis Xenakis (1922-2001), Elliot Carter (1909-2013) e Igor Stravinsky, dentre outros artistas participantes do mesmo projeto. Na mesma época, realizou uma grande viagem pelo Oriente.

Entre os anos de 1965 e 1969, o músico alemão dirigiu o Instituto Cultural da República Federal da Alemanha, atuando como representante regional do Instituto Goethe para a Índia, Sri Lanka e Birmânia. Fundou, em 1969, a Delhi School of Music, escola de música ocidental, em Nova Déli, Índia.

De 1970 a 1974, foi diretor do Instituto Cultural da República Federal Alemã, em Tóquio, e também representante regional do Instituto Goethe para o Japão e para a Coreia do Sul. Casou-se pela quarta vez em 1966, com a cantora lírica alemã Margarita Schack.

Essa fase teve significativa importância para a sua vida pessoal e profissional, em virtude das ricas oportunidades de confronto com outras formas de **percepção** e consciência proporcionadas pela vivência no Oriente. Segundo afirmou em diversas ocasiões[7], seu interesse prioritário sempre foi o ser humano – e toda a rede de relações por ele implicada –, estivesse na Alemanha, no Japão ou no Brasil. Respondendo, certa vez, a um aluno que lhe perguntara qual o lugar mais bonito, por viajar tanto, Koellreutter afirmou: "Todos os lugares têm belezas especiais e coisas comuns. O que importa, mesmo, são as pessoas. Me interessam as pessoas que vivem nos lugares aonde vou".

O músico passou a buscar, com motivação cada vez maior, a complementaridade que a integração entre os modos de consciência do Oriente e do Ocidente proporcionaria. No texto intitulado *Música ocidental e indiana: expressões de diferentes níveis de consciência*, escrito em 1968, ele afirmou: "A integração entre o pensamento oriental e ocidental será a pedra angular de uma nova cultura de integração, uma cultura que traz a promessa de união da humanidade e de um novo humanismo" (KOELLREUTTER, 1968, p. 7).

Vivendo no Oriente, o professor alemão vivenciou questões que defendia e justificava no plano teórico; questões que favoreceram o aprofundamento de reflexões sobre a consciência, as novas descobertas da física, a estética, dentre outras. Desse modo, os anos vividos no Japão e na Índia influenciaram decisivamente todo o seu território vivencial (percepções, sensações, ideias, conceitos, criações, comportamentos).

Com relação à composição, é importante assinalar que, em 1960, Koellreutter escreveu *Concretion*, seu primeiro ensaio (deixando de compor obras para compor ensaios), estruturado com base na **planimetria**.

---

7. Durante aulas e encontros informais que tiveram início no final dos anos 1970, além de registros escritos e do documentário *Koellreutter e a música transparente* (2000).

A partir de 1975: aprofundamento dos princípios e conceitos

Koellreutter voltou a morar no Brasil, dividindo-se entre o Rio de Janeiro e São Paulo. Nessa fase, ele ministrou cursos regulares (de composição, regência, harmonia, contraponto, estética, atualização pedagógica) no Rio de Janeiro e em São Paulo, além de atuar como professor-convidado, palestrante e conferencista em diversas instituições de ensino pelo país.

De 1975 a 1980, o músico alemão dirigiu o Instituto Cultural Brasil-Alemanha, no Rio de Janeiro, e entre 1983 e 1984 o Conservatório Dramático e Musical de Tatuí, em São Paulo. Fundou, em 1985, o Centro de Pesquisa em Música Contemporânea, na Escola de Música da Universidade Federal de Minas Gerais (UFMG), onde atuou como diretor e professor de diversas disciplinas. Ministrou cursos como professor-visitante na Pontifícia Universidade Católica – PUC, de São Paulo (1984) e no Instituto de Estudos Avançados – IEA, na Universidade de São Paulo, entre 1987 e 1990.

Seus estudos interdisciplinares, somados à vivência no Oriente, ampliaram e redimensionaram seu modo de pensar, perceber e viver. A questão da consciência humana e o novo conceito de tempo em suas relações com o espaço, que já norteavam o pensar/agir koellreutteriano, tornaram-se **temas** essenciais de suas pesquisas, proposições pedagógicas e composições musicais.

O todo de sua ação – como artista, pensador, educador – é influenciado e orientado pela necessidade de conscientizar a nova realidade apreendida da física, da filosofia e, especialmente, da vivência Oriente-Ocidente. Importava-lhe, então, a realidade do **hólos**, regida pela consciência do **continuum** espaço-tempo, pela superação de preconceitos e modos de pensar dualistas, consequentes ao racionalismo, com suas doutrinas mecanicista e positivista.

Koellreutter dedicou-se a atualizar procedimentos e conceitos, bem como elaborar uma nova terminologia[8] que considerava adequada à teoria de uma música que, viva, transformava-se dinamicamente.

Frente à questão da educação musical, o *Koellreutter educador* desenvolveu e integrou às atividades em curso uma proposta de educação (latente desde a etapa do Grupo Música Viva) que, para além da formação de músicos, visava à formação integral do ser humano. Considerando a capacidade – própria à **linguagem** musical – de integrar corpo e mente, ação e reflexão, emoção e razão, intelecto e sensação, tal proposta pedagógico-musical visava à formação de seres humanos para viver no "novo mundo emergente".

---

8. Koellreutter publicou, em 1990, o livro *Terminologia de uma nova estética da música*, pela editora Movimento, de Porto Alegre. De acordo com seu modo de ser e proceder, ele revisou e atualizou suas definições continuamente, preparando, inclusive, uma nova edição, não publicada.

Koellreutter, *músico vivo* animador - *Música Viva* e Koellreutter

Abordarei, ainda que sinteticamente, a trajetória do Grupo Música Viva, pela importância do movimento para a música e cultura brasileiras e pela possibilidade de sinalizar aspectos essenciais à personalidade e à atuação profissional de Koellreutter, presentes desde sua juventude.

Pouco depois de chegar ao Brasil, Koellreutter aproximou-se dos músicos e compositores locais, por intermédio do musicólogo Luiz Heitor Corrêa de Azevedo (1905-1992), chefe da seção de música da Biblioteca Nacional do Rio de Janeiro. Começou a frequentar a loja de música Pinguim, na rua do Ouvidor, ponto de encontro de músicos, críticos, musicólogos e intelectuais da época, como Octávio Bevilacqua (1887-1953), crítico musical do jornal *O Globo*, Andrade Muricy (1895-1984), escritor e crítico musical do *Jornal do Comércio*, o compositor Brasílio Itiberê (1896-1967), Alfredo Lage (1865-1944), seu primeiro aluno no Brasil, Egydio de Castro e Silva, pianista e compositor, e o próprio Luiz Heitor, dentre muitos outros.

Koellreutter retomou suas atividades como flautista e compositor, iniciando logo depois projetos ligados à educação. Inspirado pela experiência vivida com Hermann Scherchen, começou a articular a criação do Grupo Música Viva brasileiro em 1938, estruturando-o em torno de três pontos básicos: a formação (educação), a criação e a divulgação de músicas de pouca difusão e boa qualidade, contemporâneas ou não. Em 11 de junho de 1939, a primeira Audição Música Viva marcou o início das atividades do movimento, reunindo compositores, alunos e ex-alunos, especialmente os frequentadores da Pinguim.

O Grupo Música Viva organizou audições e concertos comentados; publicou revistas e periódicos; produziu programas radiofônicos; ofereceu cursos e conferências, tornando-se um movimento de grande importância não só para aquela época, por sua influência nas gerações posteriores.

Desse modo, a vinda de Koellreutter não significou a imigração de um músico disposto a reforçar a mentalidade europeia tradicionalista, mas a possibilidade de transformar e implantar o novo, o arrojado e inventivo europeu.

Os objetivos do movimento Música Viva foram registrados em estatutos e estão, segundo Kater, em um texto datilografado no qual consta uma anotação manuscrita indicando o ano de 1943. O documento, afirma:

Finalidades:
Art. nº 3: O Grupo Música Viva tem como fim:
a) Cultivar a música contemporânea de valor para a evolução da expressão musical e considerada a expressão de nossa época, de *todas* as tendências, independente de nacionalidade, raça, ou religião do compositor.
b) Proteger e apoiar principalmente as tendências dificilmente acessíveis.
c) Reviver as obras de valor da literatura musical das grandes épocas passadas, desconhecidas, pouco divulgadas ou de interesse especial para a evolução da música contemporânea.
d) Promover uma educação musical ampla e popular sob pontos de vista modernos e atuais.
e) Animar e apoiar todo movimento tendente a desenvolver a cultura musical.
f) Promover o trabalho coletivo e a colaboração entre os jovens musicistas no Brasil (KATER, 2001, pp. 217-218).

O primeiro manifesto produzido pelo grupo data de 1º de maio de 1944. Foi assinado pelos compositores Aldo Parisot (1921-), Cláudio Santoro (1919-1989), Guerra Peixe (1914-1993), Egydio de Castro e Silva, João

Breitinger, Mirella Vita (1919-2012), Oriano de Almeida (1927-), além de Koellreutter, e afirma:

> O Grupo Música Viva surge como uma porta que se abre à produção musical contemporânea, participando ativamente da evolução do espírito.
> A obra musical, como a mais elevada organização do pensamento e sentimentos humanos, como a mais grandiosa encarnação da vida, está em primeiro plano no trabalho artístico do Grupo Música Viva.
> Música Viva, divulgando, por meio de concertos, irradiações, conferências e edições, a criação musical hodierna de todas as tendências, em especial do continente americano, pretende mostrar que em nossa época também existe música como expressão do tempo, de um novo estado de inteligência.
> A revolução espiritual que o mundo atualmente atravessa não deixará de influenciar a produção contemporânea. Essa transformação radical, que se faz notar também nos meios sonoros, é a causa da incompreensão momentânea frente à música nova.
> Ideias, porém, são mais fortes que preconceitos!
> Assim o Grupo Música Viva lutará pelas ideias de um mundo novo, crendo na força criadora do espírito humano e na arte do futuro (NEVES, 1981, p. 94).

Em 1940, Koellreutter compôs *Invenção*, primeira obra atonal-dodecafônica. Escrita para oboé, clarineta em si bemol e fagote, foi editada pela edição *Música Viva* (com tiragem de cinquenta exemplares) e também pelo *Boletim do Grupo Música Viva* (ano I, n. 6, RJ). Nessa primeira composição, o compositor não se comportou de modo muito arrojado frente ao recurso de estruturação composicional eleito, assumindo maior ousadia, mas sem rigor, em obras seguintes.

Quando de Cláudio Santoro aderiu à nova técnica, estimulou a produção musical de um grupo de compositores, dos quais destacamos Guerra Peixe (1914-1993), Eunice Katunda (1915-1990) e Edino Krieger (1928-), criando um movimento de oposição ao nacionalismo musical vigente no período compreendido entre 1920 e 1930. A utilização do dodecafonismo como técnica de composição caracterizou a segunda fase do modernismo musical brasileiro, movimento de renovação estética diretamente vinculado à existência do Grupo Música Viva.

Para Koellreutter, o serialismo dodecafônico representou um caminho de superação da criação musical burguesa, alienada e condicionante[9]. Especialmente por sua experiência pessoal e pelos problemas enfrentados na Alemanha nazista, ele considerava o nacionalismo uma tendência egocêntrica e individualista, geradora de segregação entre os povos, como atesta o *Manifesto 1945*[10], do Grupo Música Viva:

> O movimento nacionalista constitui um dos grandes perigos, dos quais surgem as guerras e as lutas entre os homens, pois consideramos o nacionalismo, em música, tendência puramente egocêntrica e individualista, que separa os homens, originando forças disruptivas (KATER, 2001, p. 248).

Importa ressaltar que, desde aquela época, o compositor alemão considerava a criação musical um meio de transformação do indivíduo e da sociedade, em consonância com ideias propagadas por Mário de Andrade. A obra *O banquete*, série de crônicas críticas que abordam as relações entre arte, sociedade e política na São Paulo dos anos 1940, motivou análises e reflexões que influenciaram o pensar koellreutteriano ao longo dos anos.

O movimento Música Viva enfrentou divergências internas, reações e mudanças de seus próprios integrantes. Cláudio Santoro foi o primeiro a abandonar o dodecafonismo como técnica composicional, justificando considerá-lo impróprio à aproximação popular e à transformação cultural e política que ele vislumbrava no momento pós-guerra, em

---

9. Na verdade, todo o seu percurso foi marcado pelo desejo de superação, entendido conforme seu modo de conceituar o verbo **superar** (ver glossário).

10. Segundo nos informa Kater (2001, p. 61), não é possível assegurar que o *Manifesto 1945* tenha sido publicado e divulgado, considerando-se a hipótese de que o documento tenha sido um esboço preparatório do *Manifesto 1946*.

1948. Retornou, no entanto, ao serialismo e ao experimentalismo em 1964, com a composição de *Sonatina n. 2*, para piano.

O compositor Guerra Peixe, que compôs serialmente entre 1945 e 1948, se reaproximou das raízes populares e se desligou do Grupo Música Viva, tornando-se um dos mais ferrenhos adversários do movimento. E reação ainda mais forte manifestou o compositor paulista Mozart Camargo Guarnieri (1907-1993), grande amigo de Koellreutter nos primeiros anos de sua vida no Brasil.

Guarnieri publicou, em novembro de 1950, uma *Carta aberta aos músicos e críticos do Brasil*, alertando sobre a ameaça que sofriam a música e a cultura brasileiras sob a égide da técnica dodecafônica[11]. Tal fato suscitou a elaboração de uma resposta e um convite para um debate aberto (ao qual o compositor paulista não compareceu), evento que marcou, inclusive, o fim do Grupo Música Viva.

A resposta de Koellreutter, de 28 de dezembro de 1950, aborda aspectos diversos, condizentes com posturas ideológicas que o acompanharam ao longo do tempo, a despeito da técnica de estruturação composicional adotada. A título de exemplo, seguem trechos do citado documento que, acredito, denotam sintonia e coerência com o todo do pensar koellreutteriano, como meus comentários em parênteses atestam:

"[...] Movido ainda pelo profundo respeito que tenho pelo espírito criador do homem e pela inabalável fé na liberdade de pensamento, venho responder [...]"
(O respeito ao espírito criador e à liberdade de pensamento de todos os seres humanos mantiveram-se como esteios de toda a obra de Koellreutter.)

---

11. O confronto entre Koellreutter e Guarnieri é cercado de controvérsias. Vale citar a pitoresca afirmação do primeiro no documentário *Koellreutter e a música transparente* (SP: Documenta, 2001) de que a briga com Guarnieri foi consequente a um desentendimento entre suas esposas, que, num chá da tarde, discutiram sobre qual dos dois compositores teria introduzido o dodecafonismo no Brasil.

"[...] A técnica dodecafônica garante liberdade absoluta de expressão e a realização completa da personalidade do compositor."
(A liberdade absoluta de expressão e a realização completa da personalidade do compositor mantiveram-se como princípios básicos, independentes da técnica composicional utilizada. "O êxito do artista é a personalidade. A arte é sempre a personalidade. Não podemos ensiná-la, mas desenvolvê-la", ele costumava dizer em suas aulas de Estética e Atualização Pedagógica nos anos 1980 e 1990.)

"[...] O verdadeiro nacionalismo é um característico intrínseco do artista e de sua obra. Quando, porém, essa tendência se reduz a uma atitude apenas, leva tanto ao formalismo quanto a qualquer outra corrente estética. Entende-se por formalismo a conversão da forma artística em uma espécie de autossuficiência."
(No final de 1999, durante entrevista para o documentário *Koellreutter e a música transparente*, ele afirmou: "Toda música que se faz no Brasil – nova, criativa – é brasileira, e isso não tem nada a ver com folclore, com popular... Isso tudo é bobagem".

O hábito de definir os conceitos utilizados, se já se fazia presente em 1950, manteve-se ao longo do tempo. Koellreutter considerava fundamental que houvesse plena compreensão do assunto tratado, sempre alertando para a possibilidade de conferirmos significados diferentes a um mesmo conceito. "O que você entende por...?" era uma pergunta sempre presente enquanto dialogava.

Quase como uma postura contraditória às propostas pedagógicas que apresentou, ele jamais deixou de lado o hábito de definir e ditar conceitos durante as aulas: "Eu dito... Entende-se por...". Seu intuito era atualizar os conceitos sobre os quais se debruçava para melhor apresentá-los.)

"O nacionalismo exaltado e exasperado [...] conduz apenas ao exacerbamento das paixões que originam forças disruptivas e separam os homens. A luta contra essas forças que representam o atraso e a reação, a luta sincera e honesta em prol do progresso e do humano na arte é a única atitude digna de um artista."

(A concepção de "música funcional", "utilitária", a serviço de um ideal, conforme propôs Mário de Andrade, foi absorvida e mantida ao longo de sua trajetória profissional; a música e a educação musical foram entendidas como ferramentas para a ampliação da consciência, a formação integral do ser humano e a transformação do mundo.)

Acreditando que a música poderia criar um ambiente de real compreensão e solidariedade entre os homens, o Grupo Música Viva afirmou, em 1945, que "o grande fim socializador da música é a universalização" (KATER, 2001, p. 248). Quanto aos princípios defendidos em seu trabalho como educador, é possível encontrar, já na vigência do movimento Música Viva, princípios que se fortaleceram nas décadas seguintes. Encontramos no *Manifesto 1945*:

> Da educação artística – de uma mentalidade nova – de um novo **estilo**.
> Colocamos acima de tudo a educação, considerando-a a base para qualquer evolução no terreno artístico e para a formação de um nível alto coletivo. Educados na mística do "ego", no conceito da individualidade, fomos preparados para viver em uma organização social decadente. Resulta dessa educação um nível coletivo baixo com apenas alguns valores individuais, que se distanciam cada vez mais da compreensão da maioria, segregando-se em elites prejudiciais à coletividade e à evolução da humanidade.
> Combateremos, portanto, a educação que visa à formação de tais elites e exigimos, em primeiro lugar, uma educação que vise a um nível alto coletivo, condição essencial a toda evolução que permita à massa compreender as manifestações do espírito humano (KATER, 2001, p. 248).

III – Koellreutter: em busca do equilíbrio dos contrários

Quando o homem realizar em si o equilíbrio dos contrários, quando afastar o sentido trágico da vida e a arte estiver perfeitamente integrada na vida, ela deixará de existir, pois tudo será arte.
Hans-Joachim Koellreutter citando Mondrian

A afirmação anterior, atribuída a Piet Mondrian (1872-1945), é uma síntese koellreutteriana sobre as ideias do pintor holandês, um dos pioneiros do abstracionismo e responsável pelo **desenvolvimento** do neoplasticismo[12]. Para Mondrian, o termo trágico significa impulso, romantismo, sentimentalismo, maneirismo, extravagância, aspectos que ele renegou e acreditou superar por meio da arte abstrata.

O território existencial de Koellreutter – na integração do pensar/agir/criar – contaminou-se significativamente com os pressupostos espirituais, estéticos e técnicos característicos do neoplasticismo. Isso porque os ideais estéticos e humanos defendidos se sintonizavam com o essencial de seu exercício estético-musical-pedagógicoco, em busca da integração entre a vida e a arte.

Para Mondrian, a arte seria produto de uma tomada de consciência íntima e profunda. E os princípios e recursos expressivos e técnicos do abstracionismo seriam o caminho para alcançar a intelectualização e a representação purificada do espírito humano (ELGAR, 1987). Longe

---

12. Os objetivos estéticos e espirituais do neoplasticismo foram apresentados na revista de arte *De Stijl*, criada por Mondrian e colaboradores, onde escreveram: "Desejamos uma nova estética baseada em puras relações de linhas e **tons** puros, porque só as relações puras entre elementos construtivos puros podem conduzir à verdadeira beleza. Neste momento, a beleza pura não só é necessária como também, na nossa opinião, é o único meio capaz de uma manifestação pura da força universal que se encontra presente em todas as coisas. É idêntica ao que, no passado, se revelou sob o nome de divindade e que é indispensável à nossa qualidade de pobres seres humanos se queremos viver e atingir um equilíbrio, dado que as coisas em si se nos opõem, e a matéria, na sua forma exterior, se arma de defesas contra nós" (ELGAR, 1973, p. 87).

de pretender produzir uma pintura estática, o pintor se dedicou a expressar o que designava como "movimento dinâmico em equilíbrio": dinamismo na estabilidade, movimento na calma e, consequentemente, emoção sublinhando uma aparente impassibilidade. Referindo-se a tais questões, afirmou Elgar:

> Embora tentasse atingir o permanente e o universal, (Mondrian) não tinha consciência de que a permanência é um movimento contínuo, que o universo se encontra sempre em um processo de transformação, em uma infinita alternância de criação e destruição, e que o equilíbrio universal é continuamente desafiado pelo correr do tempo (Elgar, 1987, p. 138).

Koellreutter, que perseguiu propósitos semelhantes aos defendidos por Mondrian, manteve-se atento ao dinamismo próprio a todo e qualquer **sistema de relações**: artísticas, científicas, humanas... Valendo-se de sons, silêncios e palavras para inter-relacionar o ser e a cultura, ele construiu um jogo de relações entre os mundos interno e externo; jogo em que escutar/produzir/pensar música é escutar/produzir/pensar vida. A música, para ele, é território de expressão e comunicação do mundo emergente do qual se percebia integrante, integrado e, em especial, agenciador de construções e transformações, como compositor, educador e também teórico.

Circulando pelo território do pensamento koellreutteriano

> *Estão desaparecendo ou transformando-se, em nossos dias, quase todos os conceitos fundamentais da estética e da teoria tradicionais: o ideal clássico de objetividade não pode mais ser sustentado. O mito dos valores absolutos desde já desapareceu. A cada artista cabe decidir, a partir de hoje, que caminho escolher.*
>
> Hans-Joachim Koellreutter

As palavras anteriores sinalizam o interesse e a disposição do compositor em conceituar, reconceituar, refletir, **analisar**, definir, redefinir... Investigador e, sobretudo, artista, se ele compôs obras musicais que refletem sua concepção do universo, também criou e recriou conceitos e definições que **transcenderam** o território da linguagem musical. Nesse sentido, a "emergência de uma nova visão da realidade", consequente às conquistas científicas e filosóficas que marcaram o século XX, foi princípio e fim de seu modo de ser e atuar.

Em especial, Koellreutter chamou a atenção para a necessidade de superar a doutrina positivista e adotar um novo conceito de tempo, aspecto baseado no fato de que a música, como arte essencialmente temporal, incorpora – enquanto informa – as transformações emergentes.

Ele dedicou-se a rever e a adequar conceitos de teoria e estética musical tradicionais por considerar o "caráter dinâmico e indivisível do *continuum* sonoro de um mundo em que o ideal clássico da objetividade não pode mais se sustentar".

Tem significativa importância o fato de que todo o campo conceitual koellreutteriano – o território de ideias, fundamentos, definições, composições e proposições – funda-se na experiência de integração do todo de vivências e conhecimentos intelectuais que ele percebia como jogo da arte, como experiência estética. Frente à emergência de sensações, pensamentos e informações de todas as categorias e espécies, Koellreutter se comportou, principalmente, como um artista.

É preciso ressaltar que o mapa koellreutteriano aponta enfaticamente para planos qualitativos, ou seja, para cruzamentos de modos de ser, perceber, conscientizar e comunicar o mundo. Mapa com múltiplas direções e entradas, que representam o mundo que ele apreendeu e buscou transformar.

O interesse do músico pelos planos de qualidade próprios aos diferentes **sistemas** traduz-se em jogos de ser e realizar. Não lhe importava, por exemplo, detalhar ocorrências cerebrais relacionadas à realização musical, bem como não era o processo de desenvolvimento de competências neuromotoras para tocar um instrumento o que ele priorizava em suas pesquisas e reflexões. Os estudos sobre a física moderna, tão importantes em seu projeto, fizeram emergir planos qualitativos que ele buscou perceber e comunicar.

Entendendo que a música é uma manifestação da consciência e que uma obra musical traduz, à sua maneira, a **estrutura** do universo, o compositor alemão apoiou, nesses pontos, os fundamentos do fazer musical, da educação – para a música e pela música – e da construção de seu território conceitual. O jogo musical revela a consciência, ao mesmo tempo em que – constante e dinamicamente – a influencia e a transforma, levando a um novo início de um novo jogo; jogo que é parte do modo de ser e estar no mundo, como indivíduo e comunidade. Jogo da repetição do diferente.

O compositor estruturou um território de conexões, inter-relacionando de modo criativo e singular questões referentes à consciência, à educação, à estética e à teoria musical. Para percorrê-lo, defini as seguintes entradas:

1) Koellreutter teórico: **planos** do pensamento
    a) As ideias de música
    b) A questão da consciência
    c) Entre a música e a consciência

2) As teorias em prática: planos da ação/produção
   a) Koellreutter compositor
   b) Koellreutter educador

Complementarão tal percurso as definições e conceitos criados e/ou atualizados por ele.

No prefácio do livro *Terminologia de uma nova estética da música*, publicado em 1990, Koellreutter afirmou que a aceleração científica, ao desgastar e inutilizar palavras e termos técnicos, torna constante e sempre incompleto o trabalho de atualização.

> Diante de tal situação, inúmeros termos técnicos não servem ao novo campo de pesquisa e investigação científica, pois tanto as realidades científicas quanto as artísticas de nosso tempo transcendem a lógica tradicional. Além disso, um considerável número de conceitos e termos técnicos de ciências confinantes, ou seja, ciências sem as quais a arte musical não pode ser estudada a fundo, torna-se, cada vez mais, indispensável para o estudo globalizante, ou seja, integral, da estética e da teoria musical.
> Em consequência disso e de um intenso e contínuo intercâmbio de experiências e ideias no mundo inteiro, estética e teoria musical requerem, hoje mais que nunca, definições claras, inequívocas e sem ambiguidade. É por isso que estética e teoria musical procuram abstrair a linguagem, delimitando o significado dos termos e unificando sua estrutura de acordo com os princípios da lógica do pensamento moderno (KOELLREUTTER, 1990, pp. 5-6).

Os conceitos e definições aqui apresentados foram extraídos de anotações de aulas, apostilas de cursos (especialmente os que foram realizados no IEA-USP, no período compreendido entre 1987 e 1990), de textos de apostilas, de KATER, 1997, e dos livros *Terminologia de uma nova estética da música*[13], *Introdução à estética e à composição musical con-*

---

13. Algumas definições tiveram como fonte um exemplar, em preparação, de uma revisão da *Terminologia de uma nova estética da música*, não publicada até então.

temporânea (ZAGONEL & CHIAMULERA, 1987) e *Koellreutter educador: o humano como objetivo da educação musical* (BRITO, 2001).

A inserção da terminologia visa ampliar e complementar informações, bem como integrar um aspecto característico do pensar koellreutteriano, indicativo da constante busca da maior precisão possível dentro de um modo de considerar em que "objetividade implica em um mínimo de subjetividade".

IV – Koellreutter teórico: planos do pensamento

As ideias de música

A arte musical é o reflexo do essencial na realidade.
Hans-Joachim Koellreutter

O compositor alemão escutou, analisou, compôs, falou e escreveu muito sobre música, buscando significar e contextualizar sua presença no corpo da cultura. Documentos escritos em diferentes épocas sinalizam suas reflexões sobre a diversidade e a complexidade do fato musical.

Organizei e relacionei, com liberdade, as ideias de música[14] do professor Koellreutter, a partir da consulta de registros de aulas, vídeos e documentos escritos, publicados em livros ou sob a forma de apostilas, no período compreendido entre os anos 1940, ainda na etapa do Grupo Música Viva, até meados da década de 1990.

> Música é vida. Música é movimento.
> A música é a dança dos sons.
> A música é uma linguagem, posto que é um sistema de signos. De signos sonoros, naturalmente. De signos musicais. Linguagem como meio de expressão.

(Todos os sistemas de **sinais**, artísticos ou naturais, são, em última análise, linguagens. Linguagem, no entanto, é a manifestação que mais nitidamente reflete o nível de consciência do ser humano e de sua cultura.)

---

14. Trechos extraídos dos textos publicados em KATER, 1997 e 2001; BRITO, 2001; apostilas do curso Introdução a uma Estética do Impreciso e do Paradoxal – IEA-USP; e anotações pessoais feitas em cursos de estética e atualização pedagógica.

A ideia musical é autônoma e só pode ser expressa por meio de signos musicais, já que a **dimensão semântica** não existe. A música tem **sentido** (entendido como fenômeno psicológico que causa no ouvinte) que se manifesta nas **dimensões sintática** e **pragmática**.

Parto do princípio de que a música é, primeiramente, um meio de comunicação e difusão que, fazendo uso de um sistema de sinais sonoros, transmite ideias e pensamentos, daquilo que foi pesquisado e descoberto ou inventado.

Como toda arte, a música é manifestação sismográfica do pensamento e do sentimento humano. E como toda **manifestação cultural**, é expressão e espelho de determinadas atitudes da consciência, refletindo o grau e o caráter peculiar da consciência para o criador ou para a esfera cultural do qual este emerge.

A música retrata pensamentos e sentimentos de determinado povo na época histórica em que é escrita. Dessa forma, surgem os estilos, a soma total das características que dão à obra de arte a sua identidade.

Alterações na estrutura social e, portanto, em relação às necessidades e aos desejos da sociedade, causaram mudanças na função da música. Mas a música não é só o reflexo de uma determinada situação social, é também um dos agentes que a influencia: pela escolha e seleção do material com que o compositor compõe, pelas características estéticas e estilísticas, desafiando a expectativa do ouvinte e provocando a reação dele.

Partindo da concepção de que a música é um meio de comunicação que se serve de uma linguagem, pode-se concluir que a contribuição para a tomada de consciência do novo ou do desconhecido seja uma das mais importantes funções sociais, senão sua mais importante função, na sociedade contemporânea.

Música não são notas, mas, sim, relações. É melhor não analisar e compreender fatos teóricos, mas **interpretá-los** de acordo com os fenômenos emocionais e psicológicos da obra.

A música é, em primeiro lugar, uma contribuição para o alargamento da consciência e a modificação do homem e da sociedade.

A arte musical é o reflexo do essencial na realidade.

A música está a serviço do homem.
O objetivo da educação musical é o ser humano.

MÚSICA
- FERRAMENTA DE FORMAÇÃO E TRANSFORMAÇÃO DO SER HUMANO
- COMUNICAÇÃO
- EXPRESSÃO DE UM NOVO ESTADO DE INTELIGÊNCIA
- IMAGEM QUE ESPELHA UMA ORDEM SOCIAL
- REFLEXO DE UMA ATITUDE DA CONSCIÊNCIA
- REPRESENTAÇÃO DE UMA SITUAÇÃO HISTÓRICA
- EXPRESSÃO DO TEMPO
- EXPRESSÃO DO CONHECIMENTO CIENTÍFICO

O texto anterior buscou reunir as ideias koellreutterianas de música: a definição, no sentido estrutural ("música é linguagem que se vale de um sistema de signos sonoros"); o caráter próprio ao fazer musical ("atitude e manifestação da consciência em um jogo de inter-relacionamento com a cultura"); seu modo de atualização ("comunicar e transformar – a consciência individual e coletiva, a cultura").

A música, para ele, deveria comunicar, informar, proporcionar vivências e, desse modo, transportar para o novo. Tal concepção, que considera o fato musical como modo de vida e movimento, conduziu o fluxo de criação de novas formas de estruturar **sons e silêncios** no *continuum* espaço-tempo. Formas que, não raro, geraram (e geram ainda) estranheza e reações adversas, posto que distantes dos cânones tradicionais da composição musical, que justificam, de certo modo, as palavras que seguem: "A obra de arte é o próprio homem, digo, às vezes, exagerando... Se não for assim, nada feito! Gostar ou não, são outros quinhentos!"

Como um entusiasmado porta-voz da nova imagem do mundo, Koellreutter dedicou-se a criar e comunicar a música do alvorecer desse novo mundo mutante. Para ele, uma nova escuta, de uma música nova, contribuiria para a formação do homem de um novo tempo, como atestam as palavras que seguem:

> Uma nova imagem do mundo, resultante das descobertas da ciência moderna em nosso século, requer sérias transformações dos conceitos da estética tradicional da música, ou seja, o repertório dos signos sonoros, sintaxe, codificação, estrutura, **forma** e estilo.
>
> Esses conceitos são tão básicos para a análise e a descrição da produção artística em nosso tempo que sua modificação impõe a transformação de todo o referencial da teoria musical, modificação que atinge também o ensino de música.
>
> [...] Nesta segunda metade do século, [...] surgem movimentos sociais e culturais – portanto, também científicos e filosóficos –, os quais tendem a transcender e superar o racionalismo e suas doutrinas, positivismo e mecanicismo, isto é, aquelas correntes filosóficas que enfatizaram o pensar racional especulativo, o qual, durante séculos, orientou a nossa cultura e a estética musical, em particular.
>
> Esses movimentos, forçosamente, levam à emergência de uma nova visão da realidade, exigindo uma mudança fundamental de nossos pensamentos, percepções e valores, em geral, e na música, em particular (KOELLREUTTER, 1991, p. 85).

Koellreutter integrou questões referentes à estética e ao estilo de composição ao relacionar música e consciência, de modo que os estilos (históricos, nacionais ou pessoais) estão sempre e diretamente ligados ao nível de consciência, às características do pensar e atuar do criador e/

ou de um ambiente. Todo estilo musical define uma situação histórica, ele dizia.

Tal posicionamento justifica a pesquisa e o desenvolvimento de uma estética própria à criação da música contemporânea, de modo geral, e à sua própria obra, em particular e, nesse sentido, ele se orientou pelos princípios da **Estética Relativista** do **Impreciso** e do **Paradoxal**, ideologia do Koellreutter compositor desde os anos 1940. Segundo ele, essa vertente estética não apenas nos leva "a uma nova vivência da realidade sonora, mas também modifica, e de forma decisiva, nossas noções acerca das relações entre sons e **ocorrências musicais**" (KOELLREUTTER, 1991, p. 86). A proposta estética seria um caminho para transformar em música a realidade do *continuum* quadridimensional anunciada pela física moderna: "tempo e espaço – intimamente vinculados – como formas de percepção; criações da mente humana; meios com que se avaliam as relações com os objetos que nos cercam e com as ocorrências que sucedem".

A Estética Relativista do Impreciso e do Paradoxal é parte das transformações decorrentes da nova imagem de mundo anunciada pelas descobertas da física moderna, com ênfase para a Teoria Quântica, de 1900, a Teoria Especial da Relatividade, de 1905, e a Teoria Geral da Relatividade, de 1915, ambas propostas por Albert Einstein. Nela desaparecem, gradativamente, o **dualismo** dos elementos opostos, apontando um modo de pensar que relaciona dois contrários na formação de um todo. O repertório de signos musicais utiliza **ruídos** e **mesclas**, natural ou artificialmente produzidos; não há mais barras de **compasso** ou valores de **duração** fixa, assim como uma **pulsação** predeterminada e a **métrica**. Desaparecem também a **melodia** e a **harmonia**, assim como as vozes, componentes das **partituras** vocais e instrumentais, o pentagrama e a direcionalidade de grafia e leitura.

Em consonância com o todo de seu pensar, a ideologia estética proposta pelo músico alemão não separa o artista de seu ambiente, de sua cultura, atribuindo à criação artística o papel de comunicar ideias de âmbitos diversos. E, considerando a importância do desenvolvimento do sentido crítico, essencial ao artista, o estudo da estética era entendido como um caminho para promover nele a autocrítica.

A questão da consciência

O homem está condenado a observar de acordo com o nível de sua consciência.

Hans-Joachim Koellreutter

O significado e o papel da consciência no ato de ser, perceber, conhecer, criar, expressar, aprender, transformar ocuparam lugar central na concepção e produção artístico-intelectuais de Koellreutter, como compositor, educador e ensaísta.

"A maneira como o ser humano vive, experimenta, imagina e vê o mundo depende da estrutura e do nível de sua consciência" (Koellreutter, 1990, p. 1), disse ele. Desse modo, todas as formas de ação/representação – incluindo a produção musical de cada indivíduo, de cada cultura ou de cada estágio histórico-social – sintonizam-se com o nível de consciência do observador/agente transformador.

A música foi o cerne a partir do qual o músico compreendeu, construiu e comunicou o mundo; por meio do qual ele realizou um permanente jogo de ordenações e relações. A consciência, integração e relacionamento entre o ser humano e o ambiente, justifica, cria sentido e fundamenta a presença do fato musical na vida de um indivíduo, de uma coletividade, em um âmbito espaço-temporal. Na abordagem koellreutteriana, essa questão se relaciona, direta e intrinsecamente, aos processos de realização musical, à construção e à comunicação da consciência musical emergente.

Ao tratar da "teoria koellreutteriana da consciência", é importante citar o livro *Les Fondements de la musique dans la conscience humaine et autres écrits*, escrito pelo regente suíço Ernest Ansermet (1883-1969), que apresenta uma teoria do desenvolvimento musical ocidental. Dotado de um perfil intelectual semelhante ao de Koellreutter, Ansermet destacou-se não apenas como chefe de orquestra, mas como um "filósofo" autodidata que, visando aprofundar sua compreensão sobre a presença da música na cultura humana, relacionou teorias e conceitos diversos.

Koellreutter aproximou-se da fenomenologia ao cunhar sua definição de consciência, conceito ao mesmo tempo influenciado pelas descobertas da física moderna. Definir consciência foi, para ele, um exercício essencial para apreender e comunicar o paradigma do novo mundo anunciado.

Apresento o conceito de consciência proposto pelo músico alemão, pela sua importância nesse contexto: "Capacidade do ser humano de apreender os sistemas de relações que o determinam: as relações de um dado objeto ou processo a ser conscientizado com o meio ambiente e o eu que o apreende".

A consciência, nessa concepção, não se refere ao mero conhecer, ao conhecimento formal ou a qualquer processo de pensamento, mas, sim, ao inter-relacionamento constante entre corpo/mente/ambiente, que implica em ato criativo de integração. O ser consciente apreende e conhece, cria e constrói, em um movimento contínuo de transformação e integração. Desse modo, a percepção do mundo depende do nível da consciência, que é capaz de delimitá-lo tanto em extensão como em tempo.

Koellreutter apontou para a superação do paradigma dualista ao indicar a existência da unidade corpo/mente em inter-relação com o ambiente, bem como a integração entre pensar e agir. Citando o físico norte-americano Jack Sarfatti (1939-)[15], ele complementou sua definição aludindo ao fato de que um campo físico fundamental liga a consciência humana ao universo, de tal modo que as relações entre a mente e a realidade são **onijetivas**.

Propondo que o processo de conscientização é emergencial, de atualizações dinâmicas que ocorrem na inter-relação entre o ser e o am-

---

15. Diretor do Physics Consciousness Research Group.

biente, o músico considerou que as conquistas estabilizadas em longas escalas de tempo não retrocedem, integrando-se, em um processo de **transcendência**, em sintonia com o seu conceituar.

Nessa abordagem, a qualidade e o grau de conscientização próprios a cada ser humano resultam do envolvimento ativo com o mundo observado, ou seja, da influência sobre as propriedades dos objetos e os processos analisados[16]. Estes determinam a imagem e, principalmente, o relacionamento estabelecido com o espaço e o **tempo**.

Para o compositor alemão, a evolução da humanidade deve-se a processos de **dimensionamento**, ou seja, processos de conscientização de dimensões, das quais as mais importantes se tornam características da cultura.

Koellreutter considera que a transformação da humanidade tem como pilares fundamentais os processos de conscientização de espaço e tempo. Por meio deles, ele analisa comparativamente a transformação dos períodos históricos ocidentais, também em relação com o mundo oriental. Maria Amélia Décourt, em sua monografia, afirmou que o compositor trabalha com um conceito de "dinâmica de integração de culturas", estruturado em relação aos diferentes conceitos de tempo (DÉCOURT, 2002).

As cartas trocadas com Satoshi Tanaka, professor de alemão na Universidade de Meisei, em Tóquio, publicadas no livro *Estética – À procura de um mundo sem* vis-a-vis, refletem suas concepções, enquanto indicam a necessidade de complementaridade entre os modos de pensar japonês e ocidental. Isso ele propõe por meio da análise comparativa[17] de conceitos fundamentais às duas culturas, como atesta o exemplo a seguir:

---

16. Koellreutter cita o físico e astrônomo britânico Eddington (1882-1944) – *Espaço, tempo e gravitação*, de 1921 –, que diz: "Os eventos não acontecem. Eles são. Nós os encontramos em nosso caminho. O fenômeno do acontecer indica simplesmente que o observador passou por um determinado evento".

17. A análise comparativa é considerada pelo músico um excelente método de conscientização.

Pensamento japonês	Pensamento ocidental
1) Independente de espaço e tempo (pensamento não dimensional)	1) Dependente de espaço e tempo (pensamento dimensional)
2) Pontilhado (pensamento que salta de um ponto a outro)	2) Discursivo (pensamento que progride desenvolvendo um determinado conceito para alcançar outro)
3) Estruturação de conceitos ambivalentes (tanto um quanto o outro)	3) Estruturação de conceitos monovalentes (ou um, ou outro)
4) Estruturação de conceitos que circunscrevem	4) Estruturação de conceitos que descrevem
5) Pensamento globalizante	5) Pensamento analítico
6) Unificação por complementação	6) Unificação por síntese
7) Introversão (concentração no mundo interior)	7) Extroversão (concentração no mundo exterior)
8) Expressão com ênfase no intuitivo	8) Expressão com ênfase no racional
9) Lógica acausal (lógica como pensamento coerente)	9) Lógica causal
10) Atuação segundo experiências	10) Atuação segundo ideias
11) Pensamento voltado para o passado	11) Pensamento voltado para o futuro
12) Pensamento e ação descentrados do "eu", voltados para a comunidade	12) Pensamento e ação centrados no "eu", enfatizando a personalidade
13) Contemplação assistemática	13) Contemplação sistemática

(KOELLREUTTER, 1984, p. 75.)

Analisando comparativamente os modos de consciência oriental e ocidental, Koellreutter apontou diferenças estruturais: **pensamento** enfaticamente **intuitivo** para o oriental e enfaticamente **racionalista** no ocidental. Esses modos de pensamento dominaram e determinaram as relações com o espaço e o tempo, sendo responsáveis pela estabilidade e pelas mudanças características na chamada evolução da humanidade.

O compositor sinalizou a emergência da consciência **arracional** no mundo atual: se ao pensamento intuitivo corresponde a crença irracional, e ao pensamento racionalista a especulação científica, ao pensamento arracional caberia a transcendência[18] deles. Metaforicamente, ele classificou as três diferentes formas de pensamento como:

- Pensar circular (enfatizando o aspecto intuitivo, apreendido por vivência em vez de medida).
- Pensar triangular (enfatizando o pensar racionalista especulativo, em que as ideias estéticas são ideias *a priori*, ou seja, racionalmente preestabelecidas).
- Pensar esférico (enfatizando o arracional, que não é contrário nem conforme ao racional, mas o transcende. A **arracionalidade** incorpora as formas de pensamento tradicionais (irracional e racional) em um modo de pensar integrador.

Relacionando os conceitos de pensamento propostos (intuitivo, racional, arracional) ao processo de evolução sócio-histórico ocidental, o músico apontou a presença de três períodos:

- Período pré-racionalista: pré-histórico, iniciado na fase do período axial, em torno de 600 a.C.
Desenvolvimento da cultura no âmbito bidimensional: homem – Deus.
Cultura relativa à vida espiritual e contemplativa, com tendência à transcendência do que se encontra além da compreensão do ser humano.
- Período racionalista: período histórico, a partir da Renascença.

---

18. Sempre lembrando que transcender significa exceder os limites da experiência, sem anulá-la.

Desenvolvimento da cultura no âmbito da conscientização do espaço tridimensional, consequente à conscientização do "eu" e do social: homem – Deus – espaço.

A consciência do espaço (terceira dimensão) reflete-se nas artes visuais pela perspectiva, e, na música, pelo sistema tonal.

- Período pós-racionalista: período a-histórico que surge em consequência das descobertas da física moderna.

Desenvolvimento da cultura no âmbito da conscientização da quadridimensionalidade: homem – Deus – espaço – tempo.

Época: a partir da segunda metade do século XX, aproximadamente.

Segundo Koellreutter, a palavra **a-histórico** não significa **antinomia** ou negação da palavra histórico, mas compreende, principalmente, a tendência de libertar-se, de privar-se de alguma coisa. Expressa a libertação da validez exclusiva do histórico, do não histórico e do pré-histórico como conceitos absolutos ou predominantes em nossa cultura. Transcende o histórico. Não se trata de uma **síntese** do não histórico, do pré-histórico e do histórico, mas de uma **sinérese**.

Aos três períodos apresentados correspondem três modos de percepção da realidade, ou modos de realização do pensar, a saber:

- Vivência: (viver – sentir, captar em profundidade). Predominantemente emocional, imaginativa (símbolos ambíguos, metáforas, mitos, mistérios), condicionada ao que, por condição (providência, natureza), foi imposto, relacionando-se principalmente com o passado. Toda vivência é realização da unidade.

  A vivência pode ser considerada "estática", porque se manifesta "de forma instantânea", em um tempo relativamente curto.

- Experiência: (o prefixo "ex" expressa movimento para fora, separação, intensidade). Investigante, pesquisadora, limitada pelos sentidos do ser humano, dualista e causal, por distinguir entre qualidades iguais e desiguais (opostas), relacionando-se com o fluxo passado-presente-futuro.

Toda experiência pode ser considerada "dinâmica" se comparada com a vivência, porque é sempre passiva e ativa, recebendo e, ao mesmo tempo, atuando.

- **Integração**[19]: tende a transcender o racional, requer uma percepção sistática, é imensurável, transparenta presentificando e concretiza.

A concretização é uma das condições do pensamento integrador. Somente o que é concreto e se apresenta de modo completo tal como lhe é próprio em sua realidade pode ser integrado. O abstrato, que é de difícil compreensão, obscuro e vago, não pode ser integrado.

A integração como maneira de perceber a realidade é um processo de inteiração, de tornar inteiro o objeto, enriquecendo-o pela conscientização das realizações anteriormente efetuadas (tendo como exemplos as obras de Picasso ou Stravinsky, dentre outros). Importante é a capacidade do integrante de adaptar-se aos níveis de culturas alienígenas e estranhas.

Os níveis de consciência não se excluem, de maneira que o pensar arracional – emergente no século XX – incorpora e integra as formas de pensamento tradicionais (intuitiva e racional).

Reafirmo, por outro lado, o fato de que a teoria da transformação da consciência baseada nos movimentos sócio-histórico-culturais do Ocidente, segundo o compositor, não desconsiderou as qualidades do pensamento oriental; sua abordagem sempre incluiu análises comparativas entre os modos de pensar próprios a cada um, como meio de refle-

---

19. O conceito de integração, conforme propôs Koellreutter, já foi apresentado neste trabalho, complementando o conceito de consciência. Sua repetição evidencia a trama de seu pensamento.

xão e conscientização acerca do necessário resgate e integração – para os ocidentais – de modos de ser e estar próprios ao Oriente.

Nesse sentido, são documentos valiosos para aprofundar essa abordagem, além das cartas trocadas com o professor Satohi Tanaka, os textos, as aulas e conferências sobre a música e a cultura indianas. "Todo artista deveria fazer uma peregrinação pela Índia", afirmou Koellreutter muitas vezes, dada a importância por ele conferida à vivência dos modos indianos de ser, pensar e – também – fazer música, no que tange à ampliação da consciência e ao redimensionamento da ideia musical em si mesma. Tive o privilégio de participar, em sua companhia e de um grupo de alunos, de uma viagem de estudos à Índia em 1989, onde assistimos a concertos musicais e espetáculos de dança em um festival em Madras, complementado por tardes de discussões e análises coordenadas por ele.

Koellreutter afirmava que a natureza qualitativa da consciência se transforma, mas não se desenvolve, pois isso implicaria em progresso[20], em aumento ou crescimento, que são conceitos de índole quantitativa. Desse modo, ao chamado "desenvolvimento da humanidade" corresponderia uma tentativa de estruturar e ordenar os acontecimentos históricos, facilitando sua apreensão.

O processo de conscientização implica, inevitavelmente, no afastamento da origem e no distanciamento cada vez maior do todo. Assim sendo, ele considerava que a transformação da consciência produz enriquecimento – pela percepção de algo novo, de uma nova **dimensão** –, mas produz, também, empobrecimento, ao afastar o ser humano das

---

20. Ele chama a atenção para a origem etimológica da palavra "progresso", que, oriunda do latim (*progredere*), significa caminhar passo a passo, gradualmente. Assim sendo, o mundo simplesmente "caminha". "O conceito da palavra 'progredir' no sentido de melhoria torna-se comum a partir da publicação *Principi di scienza nuova d'intorno alla comune natura delle nazioni* (1725), do historiador Giambattista Vico" (KOELLREUTTER, 1989, p. 3), um dos marcos do período racionalista da consciência.

riquezas da vida originária, estágio caracterizado pela integração total com a natureza.

A consciência, diz ele, citando as descobertas da física, conta com um "estruturador da realidade" (*reality-structurer*), possibilitando que os seres humanos participem do mundo físico dentro de um espectro de todas as realidades possíveis. A consciência, enfim, é o próprio ser, assim como o ser é consciência: mente, corpo, ambiente, início e fim; "a vida propriamente dita".

Entre a música e a consciência

Les fondements de la musique dans la conscience humaine et autres écrits, a obra de Ernest Ansermet, discorre sobre a presença da música nas culturas humanas, apontando aspectos que se referem aos objetos sonoros, à organização entre eles e ao sentido e ao significado do fazer musical. Ainda que de maneiras diversas, a consciência se constitui no "ser e estar" da experiência musical.

Ansermet integrou a fenomenologia husserliana à reflexão sobre o fazer musical, como um meio de refutar o dualismo (cartesiano) a favor do monismo (de origem hegeliana e propriamente fenomenológico). Para ele, a fenomenologia representou uma arma humanista contra a tendência "cientificista" de desumanizar e separar objeto e ação, já que a base da teoria da intencionalidade husserliana afirma, fundamentalmente, a união – na consciência – da coisa e da ação.

Forma e conteúdo não se dissociam na abordagem fenomenológica. É a forma que dá sentido ao conteúdo, mas é a riqueza do conteúdo que dá sentido à forma. Desse modo, a forma e o conteúdo são aspectos complementares de uma mesma realidade (ANSERMET, 1989).

Ao contrário da visão "cientificista", na qual os sons contêm a música, a abordagem fenomenológica de Ansermet priorizava o fenômeno psíquico, ou seja, a consciência que, ela sim, confere significado aos sons. Desse modo, não são os sons que significam a música, mas sua atualização pela consciência musical, em um processo que segue (e transforma) o curso da história.

O regente suíço analisou a realização musical ocidental, classificando o percurso do ser humano em direção à construção da música tonal em três idades:

- Idade caracterizada por um caráter mágico e pela ausência de reflexão sobre o fazer.

- Etapa em que já ocorre a manifestação do espírito reflexivo gerador da compreensão da música como uma atividade profissional. Nesse período, relativo à Pré-história e à Antiguidade, as questões referentes ao "como" e ao "por que" da manifestação musical superam a espontaneidade própria à etapa anterior.
- Idade que tem início com o desenvolvimento da era melódica, na Idade Média, seguida pela polifônica e, por fim, pela era harmônico-tonal, considerada como a segunda fase desse estágio.

É interessante observar que a análise desenvolvida por Ansermet tratou as etapas do desenvolvimento da música tonal como o caminho "natural" da produção e realização musicais, em todas as instâncias. Para ele, a consciência musical ocidental tem início com a percepção da melodia pura absorvida dos modelos orientais, acrescida, progressiva e espontaneamente, da polifonia e da harmonia. A música ocidental, sob tal ponto de vista, repetiria a música primitiva, estruturando-a, no entanto, sob o plano de um nível de consciência que sofre a influência da magia original sem dela depender. A percepção dos intervalos e a ordenação das escalas pentatônica e heptatônica orientais, nessa abordagem, teriam dado suporte à construção da música tonal.

Se lembramos novamente da teoria da consciência musical apresentada nessa obra, é porque Koellreutter conheceu e estudou tal trabalho, desenvolvendo, no entanto, sua própria análise; nela, enfatiza as relações presentes entre as transformações culturais, em sua totalidade, e as questões próprias ao fazer musical.

A análise koellreuteriana priorizou a emergência da consciência e da música de seu próprio tempo, buscando significar e comunicar a música nova, característica da consciência de uma nova era. Para ele, o agenciador de transformações de índoles diversas é o processo de conscientização de conceitos fundamentais, no curso do processo sócio-histórico, considerando, em primeiro lugar, o dimensionamento dos conceitos de espaço e tempo. Isso porque a música lida, essencialmente, com elementos de ordem temporal. A esse respeito, afirmou:

> Não devemos esquecer que, na música, todos os elementos são, sem exceção, elementos de ordem temporal: o som e sua altura, como fenômeno acústico que consiste na propagação de ondas sonoras produzidas por um corpo que vibra em meio material elástico (especialmente o ar); o timbre, qualidade de som caracterizada pelo conjunto de sons harmônicos perceptíveis que acompanham um som gerador; a graduação dos níveis de intensidade do som, que depende da amplitude da onda sonora; os elementos de duração, genuinamente temporais (KOELLREUTTER, 1990, p. 2).

Partindo da análise do processo de conscientização dos conceitos de espaço e tempo na evolução da cultura humana, o músico alemão organizou uma "teoria da consciência musical", inter-relacionando esse processo às correspondentes transformações espirituais, culturais e também musicais. Tal abordagem sinalizou e confirmou afirmações anteriores acerca de sua postura interdisciplinar, justificando, também, a condução dos procedimentos pedagógicos adotados por ele e a crítica à maneira como, via de regra, se conduziam os cursos de história da música:

> Ensinar a história da música como consequência de fatos notáveis e obras-primas do passado é pós-figurativo. Ensiná-la, interpretando e relacionando as obras-primas do passado com o presente e com o desenvolvimento da sociedade, é pré-figurativo[21] (KOELLREUTTER, 1997, p. 42).

A partir dos três modos de consciência (intuitiva, racional e arracional), Koellreutter distingue quatro níveis de conscientização dos conceitos de espaço e tempo, em sua relação com a produção musical da cultura humana ocidental, em todos os gêneros e estilos, no decorrer do processo sócio-histórico.

---

21. O ensino pré-figurativo proposto por Koellreutter é abordado em "Koellreutter educador: mestre Wu Li", no cap. V.

Conceito mágico de tempo – nível mágico da consciência
(pré-histórico, originário, evocativo-vital)

Nesse nível de consciência, o tempo é vivenciado como um conceito mágico, irracional, sem a intervenção da razão.

Antes do nível mágico, houve o nível arcaico, originário, zero-dimensional, caracterizando uma etapa mais próxima do estágio do surgimento da vida, na qual o ser humano vivia em condição de total identidade com a natureza.

Na passagem para o nível mágico, ocorrem a libertação da identidade com a natureza e o início do processo de independência. É quando o ser humano começa a sonhar e a ter consciência de si como parte inerente do mundo, passa a confrontar-se com ele, percebendo-se como sujeito. A necessidade de possuir e dominar se manifesta ao disfarçar-se como o animal que ameaça, bem como no desenho e/ou na imitação de seus sons, atitudes que revelam tentativas (impossíveis) de recuperar a integração com a natureza.

A produção musical representativa do nível mágico de consciência tem como características a organização sucessiva dos sons, ou seja, a monodimensão; a organização temporal **não métrica**; a equivalência de sons (já que, não apenas do ponto de vista musical, não existe nesse nível nenhum sistema hierárquico), que se atualizam em um campo sonoro circular no qual a música parece não ter princípio nem fim; a música-motor (que tem movimento contínuo).

O nível mágico corresponde à etapa do *homo faber*, etapa do início da inter-relação entre sujeito e objeto. Segundo Koellreutter, são características da consciência e da arte mágica[22]:

• A ausência do ego. O homem vive e realiza em função do grupo.

---

22. Anotações realizadas no curso Estética e a transformação da consciência, FAP-Arte, SP, 1982/1983.

- O mundo pontilhista, monodimensional. É um mundo unitário, preocupado com a unidade que está perdendo.
- A não existência (na consciência) de espaço e tempo.
- O entrelaçamento com a natureza, que implica em percepção holística, em unidade com os vegetais e todos os seres vivos.
- A função da manifestação, ou seja, a reação mágica do homem diante do entrelaçamento com a natureza.

Os níveis originário e mágico da consciência humana são classificados por Koellreutter como níveis pré-históricos, caracterizados pela relação homem/natureza.

Conceito de tempo psíquico-intuitivo – nível pré-racionalista da consciência (de 600 a.C. ao século XIV d.C., aproximadamente)

Fase em que se inicia o historicismo, quando a linguagem passa a ter grande importância. O ser humano vive um conceito de tempo psíquico-intuitivo, sendo que tempo e espaço ainda não constituem potencialidades.

O tempo é uma forma de percepção, não compreendido como um fator de ordem física. As ocorrências e o movimento circular e contínuo da natureza, das estações etc. estabelecem uma percepção temporal de ordem qualitativa.

O espaço também é vivenciado qualitativamente e, segundo Koellreutter, a própria física aristotélica é fundamentalmente qualitativa, alheia à rigorosa quantificação que se opera no mundo moderno.

A forma de pensamento desse período é basicamente circular: um modo de pensar que circunscreve um conceito principal sem decompô-lo.

A produção musical pré-racionalista, que abrange a evolução musical ocidental até o período gótico (século XIV), integra à música **monodimensional** do cantochão a dimensão **bidimensional** (simultaneidade) do *órganum*, do **contraponto**, da polifonia; o tempo é ainda não métrico, com um caráter que tende ao infinito. O caráter místico e mítico passa a predominar.

A música ainda parece não ter princípio nem fim. Não existe ainda a organização dos pulsos em tempos fortes e fracos, embora a preocupação de precisar durações e valores temporais já se manifeste, inclusive com sinais gráficos.

Nessa etapa, se estabelece a relação homem/Deus e homem/natureza.

Conceito cronométrico de tempo – nível racionalista da consciência (do século XIV até a primeira metade do século XX, aproximadamente)

No nível racionalista da consciência, o ser humano toma consciência do corpo como portador do eu individual. Surge o mundo antropocêntrico da Idade Média.

A emergência da consciência do espaço evidencia-se na sistematização da perspectiva: transcendendo a representação bidimensional, o ser humano "passa a viver" em um mundo de três dimensões. E, no que diz respeito à relação com o tempo, instaura-se o conceito **cronométrico**.

A produção musical também se torna **tridimensional**, representada pela convergência dos signos musicais própria ao sistema tonal, idioma característico desse nível.

Os princípios da lógica racionalista que orientam também a construção da música tonal provocam grande modificação na estética. O discurso musical torna-se previsível, direcionado a um alvo, a um ponto culminante, diferindo em muito da circularidade característica do período anterior. A forma musical é, agora, enfaticamente discursiva.

A tendência à mensurabilidade resulta no desenvolvimento da **notação precisa**. A organização temporal é mediada pela **métrica**, os pulsos, predeterminados, são organizados em compassos, com tempos fortes e fracos, sob influência do tempo do relógio, medido racionalmente.

O pensamento do período racionalista é triangular, sendo que a manifestação culminante dessa tendência se expressa na estrutura triádica da dialética hegeliana. Esse pensamento descreve, explica, analisa.

Nessa fase, os contrastes são dualisticamente opostos (**consonância** e **dissonância**, tempo forte e fraco, primeiro e segundo temas, tônica e dominante etc.). É com a consciência racionalista que se estabelecem a melodia e a harmonia, assim como as formas seccionadas.

Conceito de tempo acronométrico ou acrônico – nível arracional da consciência (segunda metade do século XX, tendendo a transcender o nível racionalista)

Nível influenciado pelas descobertas da física nova, que modificaram essencialmente os conceitos de tempo, espaço, **causalidade** e matéria. A mecânica quântica, que teve início em 1900, a teoria especial da relatividade, proposta em 1905, e a teoria geral da relatividade, de 1915, ambas propostas por Einstein, produziram profundas transformações, conduzindo o pensamento científico a uma visão do mundo que se aproximou do misticismo oriental.

A ciência, que no período anterior buscava revelar a verdade descrevendo o mundo objetivamente, tornou-se um campo de pesquisas de "tendências", de "probabilidades", de "abstrações" e "comportamentos duais". Ampliou-se o horizonte do pensar, como consequência transformando e tornando mais abrangentes os antigos conceitos. Teve início a etapa do pensamento arracional, segundo denominou Koellreutter.

A história da ciência é de transformações de paradigmas, ou de revoluções científicas. E o jogo da transformação revela a constante busca do ser humano no sentido de entender e explicar o mundo e seu próprio existir, ou seja, seu ser e estar com a natureza e a cultura.

A ciência do século XX torna-se um instrumento de seres humanos que se reconhecem como parte da natureza e de um contexto cultural determinante. A ciência do complexo, tal como é chamada a ciência de nosso momento atual, lida com concepções como a simultaneidade e a diversidade de tempos (tempo trajetória; tempo interno; tempo termodinâmico), em vez do tempo invariante e repetitivo proposto pela ciência clássica.

Assim é que, no nível de consciência arracional, segundo propõe Koellreutter, o tempo é conscientizado de modo **acronométrico** ou **acrônico**.

A produção musical é **quadridimensional**, ou seja, integra as três dimensões tradicionais (sucessão, simultaneidade e convergência) em um plano **multidimensional**. A quadridimensionalidade ocorre por meio de um processo que subordina as relações estruturais ao parâmetro duração, ao tempo.

Na música do nível arracional, os signos e as ocorrências musicais transcendem a medida racional, dando lugar ao **tempo amétrico** em vez do métrico. Volta-se à vivência do tempo intuitivo, e a música tende à imprecisão.

Multidirecional e multidimensional, a música do nível arracional dá a ideia de infindável.

A Estética Relativista do Impreciso e do Paradoxal caracteriza a música do nível arracional, segundo Koellreutter, superando o dualismo dos conceitos contrários, a noção de tempo e espaço absolutos e o princípio da causalidade. A música arracional é **acausal**.

A quarta dimensão, que surge na estética musical moderna, decorre da compreensão do tempo como forma de percepção criada pela mente humana. "O tempo manifesta-se também como ordenador e divisor mental, como unidade de passado, presente e futuro, como força de trabalho ou força motor, ou então, como quarta dimensão" (KOELLREUTTER, 1989, p. 3). A quarta dimensão é um conceito físico-geométrico, "um fenômeno fundamental de ordem qualitativa. É intensidade e vivência não especial" (KOELLREUTTER, 1989, p. 3).

Koellreutter afirma que os quatro níveis de consciência estão presentes em cada ser humano, de maneira que convivemos com um ser mágico, com um mítico..., em uma abordagem de compreensão **holística** do ser humano. "A origem é presente, e o presente é origem", ele diz.

A análise da transformação da consciência musical, segundo o compositor, também diz respeito às crianças. Aproximando-se da teoria filogenética[23], ele relaciona os níveis presentes no percurso sócio-histórico à constituição de cada indivíduo. Desse modo, se estabelece uma associação entre os processos que envolvem a relação da criança com o sonoro e a transformação da produção musical da cultura, abordagem que, no entanto, deve ser tratada com cuidado.

Ao indicar a existência de modos de percepção e produção sonoro-musicais próprios às crianças, o músico aponta, também, para a necessária superação de conceitos tradicionais de música e educação musical[24].

Entendendo que a música é uma manifestação da consciência, ele destaca a convivência das "muitas músicas da música"[25], em uma proposta de respeito à diversidade e atenção às singularidades. Importa significar, em primeiro plano, o princípio que unifica todas as produções musicais, princípio que se atualiza pela transformação de sons e silêncios em formas sonoras, pelo contínuo trânsito entre mundo interno e externo.

Acreditando que o nível de consciência influencia e transforma a produção musical, e que a música, como linguagem artística, deve servir à transmissão de ideias e conceitos – à conscientização e à comunicação da imagem de um mundo arracional.

Concluo esta parte do trabalho apresentando uma sinopse dos estilos musicais ocidentais organizada por Koellreutter, destacando as-

---

23. A ideia de observar a existência de semelhanças entre a história de um indivíduo (ontogênese) e a história da humanidade (filogênese) foi sugerida há alguns séculos por Herder (1744-1803) e Forkel (1749-1818). Esse pensamento desenvolveu-se mais no século XIX e também no início do século XX (BEYER, 1993).

24. Ver "Koellreutter educador: mestre Wu Li" , no cap. V.

25. Expressão que venho utilizando há alguns anos para fazer referência à diversidade musical e sua importância, especialmente no campo da educação musical.

pectos próprios a cada fase, com especial atenção à questão referente à ausência ou presença da **nota sensível**, a saber:

Sinopse	1º período (século IV-XIV)	2º período (século XV-XIX)	3º período (século XX, primeira metade)	4º período (século XX, segunda metade)
Pensar	Pré-racional	Racional	Racional	Arracional
Vivência	Globalizante	Discernente	Discernente	Integrante
Tendência	Espiritualista	Materialista	- Materialista - Positivista - Mecanicista	Intelectualista
Idioma musical	Modal	Tonal	Atonal	**Elemental**
Caráter do idioma	Ftegmático	Clagal	Clagal	Psofal
Estruturação	Mono e bidimensional	Tridimensional	Quadridimensional	Multidimensional
Formas musicais	Poéticas	Discursivas	Discursivas	Sineréticas
Conceito de espaço	Pré-perspectívico	Perspectívico	Aperspectívico	Perceptivo
Conceito de tempo	Psíquico-intuitivo	Cronométrico	Acrônico	Perceptivo
Comunicação	Homem-Deus	Homem-espaço/ homem-homens	Homem-tempo/ homem-massa	Homem-universo/ homem-humanidade
Nota sensível	Ausente	Presente	Ausente	Ausente
Notação musical	Neumas	Precisa	Precisa	**Aproximada/ roteiro/gráfica**
Estilos musicais	- Romântico - Gótico	- Renascimento - Barroco - Classicismo - Romantismo - Impressionismo	- Expressionismo - Tendências restaurativas - Nacionalismo	- Música experimental - Concretismo - **Estruturalismo** - Elementarismo - Minimalismo

V – Teorias na prática:
planos da ação/produção

Koellreutter compositor:
contraria sunt complementa[26]

> *Koellreutter fez da composição o laboratório de expressão de algumas ideias.*
> Carlos Kater

> *O artista tem de ser um aventureiro, no bom sentido. Tem de criar, inventar algo que não existia, o que é uma aventura. Por isso, tem de enfrentar a oposição dos que não entendem ou não querem entender, o preconceito etc. Mas ele precisa enfrentar a oposição.*
> Hans-Joachim Koellreutter

Não pretendo quantificar a obra composicional de Koellreutter ou desenvolver análises (**descritivas** ou **fenomenológicas**) aprofundadas de qualquer uma de suas composições. Pretendo, por meio da apresentação de algumas de suas obras, chegar mais perto do "jogo koellreutteriano": jogo de relações em que sons e silêncios desvelam o dinâmico movimento da consciência no "*continuum* espaço-tempo". Porque, no "universo koellreutteriano", a criação musical tem sentido na relação com o jogo da consciência – do ser e do mundo.

E discorrer sobre o percurso do "Koellreutter compositor" implica em deparar-se, mais uma vez, com a questão da emergência da consciência. Suas "ideias de música" revelam-se nas obras e nos ensaios (obras abertas; momentos de vida) que ele compõe, por meio das quais julga criar, conscientizar e comunicar o novo mundo anunciado cotidianamente, como atestam suas palavras:

---

26. "Os contrários são complementares" – frase de Niels Bohr (1885-1962), importante físico dinamarquês cujas pesquisas se voltaram para o estudo da estrutura atômica e da física quântica.

A meu ver, o artista tem a função de conscientizar através da sua obra, subordinando sua estética a este mundo novo, para conscientizar esta ideia. Esta é a minha opinião pessoal. Ao mesmo tempo, apelo a vocês, porque só assim nós poderemos criar uma cultura humana e humanista (KOELLREUTTER, 1987, p. 21).

Assim ocorreu desde o final dos anos 1930, quando Koellreutter abandonou a **tonalidade** como sistema composicional, acreditando no **serialismo** e na técnica atonal-dodecafônica de composição como caminhos de superação da alienação burguesa. Música e consciência política caminharam juntas, buscando formar uma sociedade em que o espírito coletivo superasse o individualismo e o egotismo.

Nélio Tanios Porto (2001) afirma a presença de três períodos no processo composicional de Koellreutter:

- Período das obras tonais: de 1933 a 1939.
- Período das obras dodecafônicas: de 1940 a 1953.
- Período dos ensaios seriais e planimétricos: de 1960 aos dias atuais.

Abordarei, nesse contexto, composições referentes ao segundo e terceiro períodos, visando ampliar possibilidades de reflexão sobre o interesse de Koellreutter, no Brasil, em torno da construção de um novo mundo. O programa apresentado no *Concerto comentado* (realizado em 6/12/1999, no MIS – Museu da Imagem e do Som/SP, quando Koellreutter comentou composições interpretadas pelo pianista Sérgio Villafranca, será aqui analisado, por ter se guiado por intenções similares às deste trabalho. Complementarei a análise, no entanto, inserindo obras consideradas como essenciais a essa abordagem.

Invenção

Composta em 1940, *Invenção*, para oboé, clarineta em si bemol e fagote, foi a primeira obra estruturada dodecafonicamente. Nela, o território serial foi explorado sem muito arrojamento, uma vez que o ambiente tonal não foi abandonado em sua totalidade. Em obras posteriores, ele utilizou a técnica dos doze sons com mais ousadia, embora jamais tenha se comportado estritamente como um compositor dodecafônico.

À série dodecafônica o compositor integrou princípios da **Gestalt** aplicados à música, pois, segundo afirmou, suas composições eram "principalmente gestálticas e só parcialmente dodecafônicas".

O desenvolvimento temático (a exemplo do que ocorria na sonata tradicional) foi substituído por estruturas (ou configurações gestálticas), em composições que já anunciavam o processo de abandono do tempo relógio (representado musicalmente pela pulsação, pelo compasso, pelo metrônomo), amadurecido décadas depois.

No que tange à aplicação de princípios gestálticos à composição musical, vale ressaltar que estes não haviam sido aplicados conscientemente até a década de 1940, segundo afirmou Ligia Amadio em sua dissertação de mestrado (1999). O pioneirismo de Koellreutter teria sido reconhecido, inclusive, pelo compositor Arnold Schoenberg, que, "por ocasião da publicação de *Música 1941*, enviou uma carta à Editorial Cooperativa Interamericana de Compositores, confessando a surpresa com a descoberta de que na América Latina já se produzia música dessa espécie. Vale ressaltar que, somente após o término da Segunda Grande Guerra, Pierre Boulez (1925-) fez uso desta técnica" (KOELLREUTTER apud AMADIO, 1999, p. 54).

Com o objetivo de elucidar a transparência do fundir música/vida/mundo percebido pelo músico, comento características de obras compostas a partir da década de 1940, enfatizando a transformação no **parâmetro** duração.

Música 1941

Preocupado em integrar música e mundo (no sentido de sua compreensão, como sistema físico-social), Koellreutter compôs *Música 1941*[27], para piano, utilizando a técnica serial-dodecafônica e também princípios que viriam a se estruturar, posteriormente, como a Estética Relativista do Impreciso e do Paradoxal.

---

27. Composta em Itatiaia-RJ, em 1941, durante sua convalescência dos problemas de saúde decorrentes do contato com chumbo, no período em que trabalhou como gravador.

A composição é atemática, construída em três partes que apresentam as *gestalten*. Estas dialogam, mas não se desenvolvem; repetem-se, transformam-se e variam, em um processo que, segundo o autor, lembra o mar, "que é sempre igual e está constantemente diferente, transformando-se continuamente pela configuração das ondas". Tal afirmação sugere, a meu ver, aproximações com os conceitos de "ritornello" e da "repetição do diferente" propostos pelos filósofos franceses Gilles Deleuze e Félix Guattari[28].

Em *Música 1941*, a série original, que aparece diluída e transformada, é um dos elementos unificadores da composição. O princípio estrutural básico é o gestaltismo (AMADIO, 1999). Sobre a composição, Koellreutter afirmou:

> Em *Música 1941*, tudo é diferente e, ao mesmo tempo, igual. A composição consiste de três movimentos; no fundo, planos ondulatórios, nos quais o contraste tradicional entre os sons e o espaço em que estes ocorrem parece ser superado. É que a série, presente nas três partes, atua como *medium contínuo*, igualando em nível e unificando as **unidades estruturais** (*gestalten*). Estas surgem como matéria sonora acidentalmente condensada, num vaivém constante, evitando qualquer tipo de individualização, dissolvendo-se na atmosfera que os cerca e tendendo a um idioma de caráter elementarista – que caracterizaria meus trabalhos posteriores – e aos princípios de uma *estética relativista do impreciso e do paradoxal* que alicerçaria tudo o que escrevi a partir de 1960[29].

---

28. O conceito de "ritornello" encontra-se em *Mil platôs vol. 4* (DELEUZE e GUATTARI, 1997). A repetição do diferente está em DELEUZE, 1988.
29. Texto impresso no encarte do disco *H. J. Koellreutter*, 1983.

Três peças para piano

I

H. J. KOELLREUTTER
(1945)

Para Tadasama Sakai

III
TANKA V

PRIMEIRA PARTE
(kami-no-ku)

H. J. KOELLREUTTER
(1977)

Três peças para piano reuniu obras compostas em 1945, 1965 e 1977, respectivamente, sendo que cada uma sinaliza um estágio do percurso composicional do músico em direção à Estética Relativista do Impreciso e do Paradoxal.

Peça I, de 1945, traz o novo conceito de tempo para o território musical, de modo mais efetivo do que ocorrera nas criações anteriores. Apesar de escrita em compassos, no sentido tradicional, a obra busca provocar a sensação de tempo como vivência que depende de fatores emocionais do intérprete, ou seja, a vivência do tempo como quarta dimensão. "O tempo é, realmente, um fator de vivência livre do intérprete", afirmou o compositor, apontando também para a transformação do intérprete, cada vez mais atuante e ativo, em **coautor**.

Estruturada gestalticamente, a *Peça 1* apresenta duas grandes *gestalten*. O princípio serial mantém-se presente, ainda que de modo particular, e o material gestáltico submete-se a processos de **variação** e transformação que também caracterizam outras composições de Koellreutter.

A *Peça 2*, composta em 1965 durante a estadia do músico na Índia, não mais utiliza barras de compasso e deixa transparecer influências da música e cultura indianas. O conceito quadridimensional de tempo estava, agora, totalmente incorporado e presentificado na obra.

A notação utilizada revela "um esforço para se desvincular dos indicadores e determinadores tradicionais do tempo e da métrica (as barras entre pautas são colocadas somente para servir de guia ao intérprete). O efeito, diante da percepção do ouvinte, tende ao puramente vivencial". (AMADIO, 1999, p. 65.)

A terceira peça, intitulada *Tanka V*, foi composta em 1977, após a estadia do compositor no Japão, denotando influência da estética da poesia japonesa.

Tanka é o nome de uma das formas poéticas da literatura do Japão, com 31 sílabas organizadas em cinco versos.

Contrastando com as duas obras anteriores (peças 1 e 2), *Tanka V* é uma composição essencialmente acórdica: o início de cada "verso" reapresenta o mesmo **acorde**, o que garante a unidade da obra.

> A retenção da ideia-musical-material no tempo, causada pela reiteração constante do acorde-valise-ideograma, leva à dissolução radical da percepção ontológica do tempo.
>
> No decorrer das três peças, o compositor e o ouvinte se desprendem do pulsar metronômico do tempo cronométrico e experimentam o impreciso, o **aleatório**, o indefinível, que transcendem a racionalidade das categorias lógicas e remetem a uma região onde a percepção da música e a vivência do tempo se confundem em íntimo relacionamento (AMADIO, 1999, p. 70).

Concretion

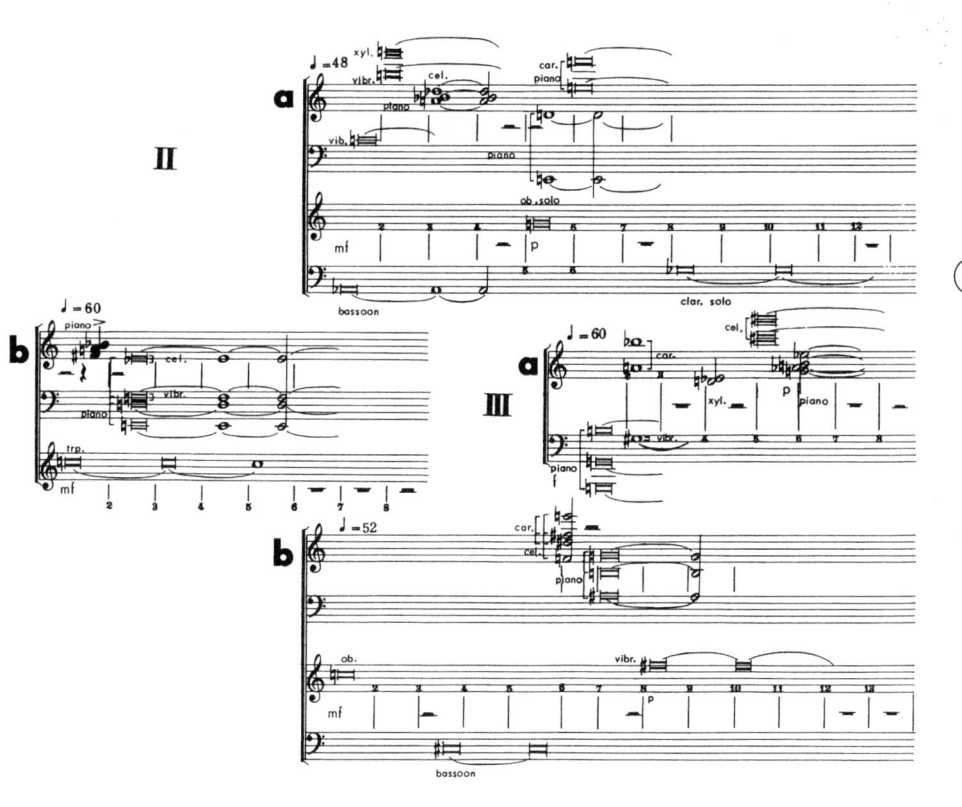

A partir de 1960, Koellreutter passou a utilizar a técnica **planimétrica** de estruturação, época em que também passa a considerar suas composições como **ensaios**. *Concretion* (escrita para oboé, clarineta, trompete, carrilhão, celesta, xilofone, vibrafone, piano e tam-tam)[30] é o primeiro ensaio estruturado planimetricamente.

---

30. Além dessa versão, Amadio afirma a existência de outra, em posse do compositor, para violino, viola, flauta, oboé, clarineta, fagote, trompete (com surdina), celesta, xilofone, dois pianos e tam-tam (AMADIO, 1999, p. 152).

Apesar de *Concretion* não ter integrado o programa *Concerto comentado* que orienta esta análise, considero importante discorrer sobre algumas características da obra, uma vez que se trata de um marco divisório na conduta criativa de Koellreutter.

Percebemos, com clareza, que *Concretion 1960* consolida a ideia de uma nova música: de um novo tempo, regida por um novo conceito de tempo. Música planimétrica que integra aspectos advindos da estética oriental, visando transcender dualismos excludentes e estruturas fechadas; é um ensaio. Música que revela uma nova consciência, fruto de vivências e estudos intelectuais em busca de integração, do todo, como confirmam suas palavras[31]:

> A palavra *Concretion* (concreção) não se refere ao oposto, à abstração ou a um processo qualquer de solidificação, mas, sim, às manifestações de uma consciência nova, que revelam um processo de o espiritual concrescer com um novo conceito de tempo (**temporismo**). Pois, somente quando o tempo deixar de ser percebido nas três fases de passado, presente e futuro, ele se torna concreto[32].

A forma de *Concretion 1960* é monoestrutural e variável. Todos os módulos componentes foram extraídos de um só módulo fundamental e submetidos a um processo de transformação. É música sem início nem fim, por assim dizer, música cuja duração varia entre oito e vinte minutos; música cujo início parece ocorrer por acaso e cujo fim acontece por interrupção [...]. Explora a sucessão e a simultaneidade dos sons, sem recorrer aos princípios de contraponto e harmonia, sugerindo pontos, linhas e campos dentro de uma ordem preestabelecida de proporções.

---

31. Parte do texto publicado no encarte de seu primeiro registro fonográfico, em 1983.

32. Lembrando que a concretização é uma das condições do pensamento integrador, segundo Koellreutter. Ver o conceito de **integração**.

> O som é silêncio, e o silêncio é som, formando um todo ilimitado, que ultrapassa todas as barreiras de dependência mútua e relacionamento, mas que as possibilita a todas: um nada de conteúdos inesgotáveis. É que a música procura desafiar o ouvinte, no sentido de penetrar, cada vez mais, no espaço que se encontra atrás dos signos musicais [...].

O texto reafirma as características essenciais do caminho estético assumido pelo músico. A busca de integração revela-se pela sugestão de um processo de transformação; pela superação da ideia de início ou fim, de som ou silêncio; pela sucessão e simultaneidade sonoras acontecendo em um campo de possibilidades.

Um tempo concreto em que não existe presente, passado ou futuro e que instiga o ouvinte a penetrar no espaço além-música também revela a busca de uma nova percepção – a percepção sistática, que é a ampliação dos modos de ouvir e escutar.

Acronon

Para mim, o mundo é transparente, e isso é uma questão de ideologia!
Hans-Joachim Koellreutter[33]

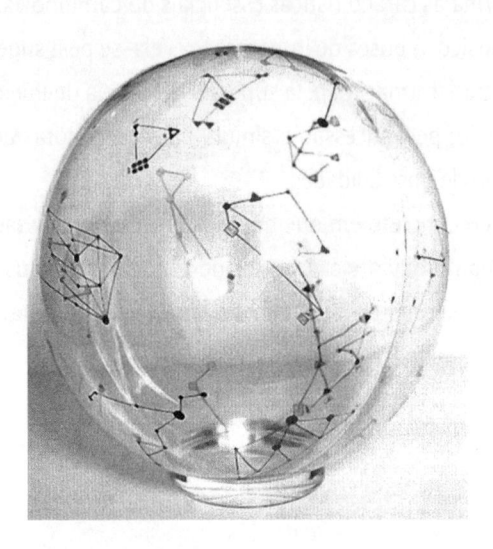

Acronon, composição para piano e orquestra criada entre 1978 e 1979, sintetizou o *modo koellreutteriano* de ser e estar no mundo.

A palavra "acronon" vem de "acrônico", do grego "akrónykhos" (**alfa privativo**), relacionando-se a um conceito de tempo de categoria qualitativa, realizado fora do tempo medido racionalmente, cuja categoria é quantitativa. *Acronon* implica em independência, em liberdade do tempo medido, da métrica racional e da duração definida e determinada do compasso (PORTO, 2001). O tempo acrônico ocorre como forma de percepção.

---

33. Comentário proferido durante o *Concerto comentado* realizado no MIS, em 1999.

Acronon é um ensaio sobre a vivência qualitativa do tempo, em um espaço aberto onde sons e silêncios se relacionam, libertos de referenciais fixos. A vivência resultante de processos sonoros vinculados a estados emocionais do intérprete (intuições, sensações, emoções etc.) gera possibilidades musicais movidas por um alto grau de imprevisibilidade e acaso (decorrentes da **improvisação**), em um espaço multidirecional no qual os signos musicais se manifestam pelo "princípio da trocabilidade" (PORTO, 2001). Em *Acronon*, o músico-intérprete é coautor.

Koellreutter criou, para *Acronon*, uma notação própria – escrita gestáltica em que as configurações ocorrem em três andamentos diferentes (representados por cores), utilizando uma esfera de acrílico transparente como base de registro[34]. E justifica:

> Para mim, o mundo é transparente, e isso é uma questão de ideologia!
> Cada pessoa tem uma ideia do mundo e o vê de acordo com suas próprias ideias.
> A transparência, ou a diafaneidade da esfera, permite que se veja mais de uma configuração a uma só vez.
> E assim eu vejo o mundo, a existência...
> Em *Acronon*, os conceitos básicos da composição são constituições para os conceitos básicos da filosofia moderna e da física também: não têm dualidades.
> Existem outros princípios que representam uma sintaxe baseada em uma polirritmia e relatividade individual de cada intérprete.

A primeira parte da obra, a parte da orquestra e as quatro primeiras seções da terceira parte do piano são escritas com notação tradicional. Nas demais partes, o solista se orienta por uma escrita estruturada planimetricamente: diagramas registrados sobre uma esfera transparente, movimentada livremente.

---

34. A obra foi escrita para três formações (piano + orquestra sinfônica, de câmera e conjunto de percussão).

A realização dos diagramas obedece a princípios de ordenação determinados pela simbologia e pelo roteiro sugerido pelos diagramas e suas superposições. Neles, os símbolos representam:

- círculo – sons de curta duração
- triângulo – sons de média duração
- quadrado – sons de longa duração
- traço – silêncios e direções possíveis para onde se encaminham as ocorrências musicais.

Além das figuras geométricas, as cores (preto, vermelho e verde) sugerem os andamentos, e o tamanho das figuras representa a dinâmica. A altura das notas, acordes ou **clusters** é relativizada pela disposição em que o símbolo se coloca frente ao olhar do solista. As superposições de diagramas geradas pela diafaneidade da esfera e devido à possibilidade de a esfera ser girada em qualquer direção possibilitam uma pluralidade de combinações (AMADIO, 1999, pp. 117-118).

Também analisando *Acronon*, Porto comenta:

A música elemental de *Acronon* proporciona ao intérprete – coautor da composição – a sensação de "impessoalidade". Esta sensação é como se nós estivéssemos em um grande espaço ilimitado, rumo a algo que ainda não sabemos ou sabemos pouco, imersos e integrados com a música, como se nós fôssemos a própria música, os próprios sons.

A leitura musical da esfera pressupõe também uma nova sensibilidade visual do intérprete, tocando e improvisando em quaisquer direções; multidimensionalidade e multidirecionalidade. Koellreutter usa os sentidos visuais, táteis e auditivos para gerar, prolongar e ampliar a função de cada um desses sentidos em um sistema de signos sonoros a que ele se propôs, a planimetria (PORTO, 2001, p. 21).

Estruturada planimetricamente, *Acronon* tem forma ternária, **derivando** de uma forma artística japonesa, o **ten-chi-jin** (céu-terra-homem).

Na contracapa do LP *Koellreutter*, de 1983, o compositor afirma que "a forma de *Acronon* consiste em um monólogo do pianista, acompanhado ou 'comentado' por um tam-tam (1º movimento), pela orquestra (2º movimento) e por instrumentos solistas (3º movimento), sendo que **planos** de grande consistência sonora revezam com planos de textura, **pontos** e **linhas**".

As partes da orquestra e do piano foram estruturadas a partir de séries, mas a realização musical não obedece a critérios próprios à estruturação dodecafônica. Segundo o compositor, os intervalos da série foram utilizados com independência, servindo como referência para o desenrolar do jogo composicional.

Wu Li

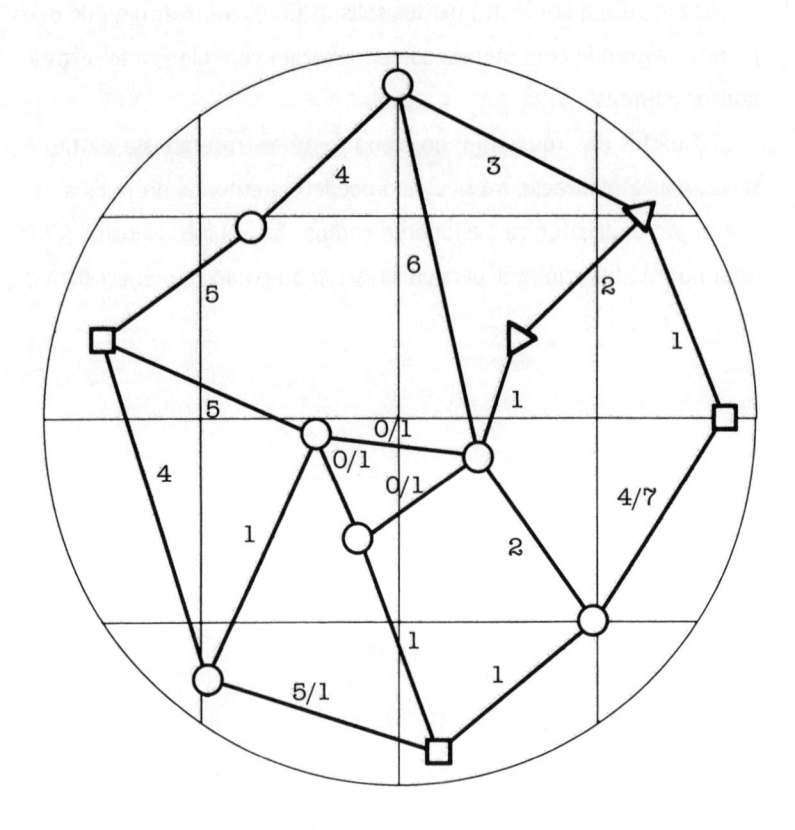

UT unidade de tempo a critério do intérprete

○ som ou pausa de duração de uma a duas unidades de tempo

△ som, pausa ou silêncio de quatro a oito unidades de tempo

☐ som ou silêncio de dez a vinte unidades de tempo

A obra composicional de Koellreutter seguiu pelas décadas de 1980 e 1990, consolidando os princípios estéticos escolhidos, aprofundando a técnica de estruturação planimétrica, revisando os valores e conceitos, integrando as vivências orientais e ocidentais, os conhecimentos sobre a física, as preocupações sociais etc.

Não comentarei tais obras, apesar da sua importância, por motivos apontados anteriormente, com uma exceção, no entanto, para o ensaio *Wu Li*, composto entre os anos de 1988 e 1990.

Segundo afirmações do compositor, a concepção de *Wu Li* sofreu influências das rendas cearenses e do futebol. Como uma renda, em que o desenho formado por sua trama contrasta com os espaços entre elas, a obra permite realizações que ora enfocam a trama, ora o espaço: grafada em diagramas, as figuras podem representar os sons e os espaços, os silêncios, e vice-versa. Com relação ao futebol, a proximidade se instala pela característica de grande estruturação, integrada à grande liberdade de improvisação (AMADIO, 1999).

Wu Li também foi organizada à maneira do ten-chi-jin japonês. A partir de uma escrita em diagramas que permite superposições, novos elementos podem ser incluídos através da improvisação, como acontece em *Acronon*.

Comentar o ensaio *Wu Li*, neste contexto, justifica-se, em primeiro lugar, por seu título, já que *A dança dos mestres Wu Li*, de Gary Zukav, professor norte-americano nascido em1942, é um dos livros norteadores do "pensar koellreutteriano". O livro humaniza a física moderna, tornando-a compreensível aos leitores leigos e fonte de reflexão sobre o ser e estar neste planeta. Estabelecendo relações com a filosofia oriental, ainda que de modo superficial, a obra teve significativa importância para Koellreutter.

Wu Li – modelos de energia orgânica, em chinês, é, segundo Al Huang[35], a denominação dada à física em Taiwan, China. Mas como na língua chinesa a maioria das sílabas pode ser pronunciada de maneiras diferentes, gerando significados diversos, Al Huang combinou cinco diferentes *Wu* a cinco variados *Li*, criando "seu próprio tear epistemológico" (ZUKAV, 1989, p. 7):

---

35. Al Chung-liang Huang, mestre de tai chi e autor de *Embrace tiger, return to mountain*, 1973.

Física = Wu Li
Wu Li = modelos de energia orgânica
Wu Li = meu caminho
Wu Li = insensatez
Wu Li = aferro-me às minhas ideias
Wu Li = iluminação

Tomar de empréstimo o título do livro de Zukav para nomear uma composição reflete a busca koellreutteriana de integrar à música os valores julgados fundamentais à transformação da consciência, no atual estágio da civilização ocidental.

Coda

O jogo da composição é, para Koellreutter, modo de exercício vivencial por meio do qual ele sonoriza questões apreendidas da física e da filosofia. Ciente de sua responsabilidade social, ele se integra ao coletivo valendo-se da linguagem musical para comunicar a "nova imagem do mundo".

Discorri, ainda que superficialmente, sobre seu processo de criação musical, visando apontar a coerência característica e intrínseca a seu modo de ser e estar, presente em sua trajetória em busca do transparecer da consciência – de um sujeito (o compositor) e de uma coletividade. E isso eu acredito que ele tenha alcançado com a estruturação do ensaio *Acronon*.

Em carta dirigida ao professor Tanaka, Koellreutter apontou os ideais estéticos orientadores de suas composições: a concentração extrema da expressão, a economia de meios, a renúncia ao prazer exclusivamente sensorial, a clareza e a precisão, a liberação de um conceito de tempo racionalmente estabelecido, a assimetria, a forma aberta e variável, entre outros. Para ele, a música é arte somente quando permite esquecer o som e causar um estado de equilíbrio interior; quando a música se torna "silêncio ativo", por assim dizer (KOELLREUTTER, 1983).

Vale ressaltar que o compositor se inspirou na estética zen, como se nota na apresentação de alguns de seus aspectos característicos:

> Fukinsei: assimetria (transcendência da simetria) e dessimetria (falta de simetria).
> Kanso: simplicidade, sem ostentação, adorno, ornamento.
> Koku: austeridade, disciplina rigorosa, redução a elementos essenciais, ausência do sensorial.
> Shizen: naturalidade, espontaneidade, negação do artificial e do pretensioso, criatividade não forçada, ausência da autoconsciência e do egotismo.
> Yugen: profundidade, alusão, esboço e rascunho em vez da revelação total.
> Datsuzoko: arracionalidade, negação do mundano e frívolo, de normas e princípios racionalistas; transcendência de hábitos convencionais.
> Seijaku: silêncio, tranquilidade, calma, solidão (PORTO, 2001, p. 109).

Tais colocações evidenciam a influência da cultura e da estética oriental na produção artística de Koellreutter, aliadas aos fundamentos do pensar e sentir de um novo tempo.

Ele crê em sua postura estética como um caminho para resgatar valores humanos perdidos no decorrer da evolução histórica ocidental, em decorrência do individualismo e do racionalismo acentuados. Para ele, a sobrevivência nas sociedades tecnológicas e de massa, características do viver ocidental, exige ações dessa índole (KOELLREUTTER, 1983).

Acima de tudo, o compositor buscou transformar a criação musical em território para o exercício de superação do pensar dualista, racionalista e individualista; compor visando integrar consciências em torno de um modo de ser que os escritos da filosofia e da física anunciaram, e sua vivência no Oriente realizou.

Ao propor a economia de meios, o "princípio da trocabilidade", a forma aberta, a superação do tema e dos opostos como contrários, dentre outros aspectos, Koellreutter se aproxima de Mondrian, como indicado antes. Se o pintor holandês buscou comunicar por entre linhas e cores visando superar a representação naturalista como ideal de beleza, o músico alemão dedicou-se a transportar o ouvinte para níveis mais profundos e mesmo desconhecidos da consciência, transcendendo os limites impostos pela organização formal temática, pelo tempo medido, entre outras propriedades da música tradicional ocidental.

O humano é, também, o objetivo da criação musical.

Koellreutter educador: mestre Wu Li

> *Um mestre ensina a essência. Quando a essência é percebida,*
> *ele ensina o que é necessário para expandir a percepção. [...]*
> *O mestre Wu Li dança com seus discípulos. O mestre Wu Li não ensina, mas o estudante aprende. O mestre Wu Li sempre começa pelo centro,*
> *no coração da matéria.*
> Gary Zukav

> *Eu só respondo como professor quando o aluno pergunta.*
> *Eu faço música com ele.*
> *A gente se autoeduca coletivamente por meio do debate, do diálogo.*
> Hans-Joachim Koellreutter

Já foi apontado, neste trabalho, a importância que Koellreutter conferiu à educação, por variados motivos: o reconhecimento da necessidade de implantar projetos e ações educativas no Brasil de sua chegada, o que estimulou o desenvolvimento de projetos ao longo de todo o seu percurso profissional; a consciência de que a educação (adequada e atualizada) é um caminho valioso para a possível formação de seres humanos para o novo mundo emergente; o desejo de fazer soar a música do "mundo novo", a música viva e nova; o ser humano – sempre o interesse prioritário.

Educar, para o músico, é parte complementar – e fundamental – de um todo. Educar é conscientizar (lembrando, mais uma vez, que a consciência é o suporte de todo seu pensar/atuar). "O professor não ensina nada; ele sempre conscientiza"; ele repetiu isso inúmeras vezes, sempre lembrando que a comparação é a melhor estratégia para promover o processo de conscientização. Este se realiza na integração do pensar e do agir, da vivência e do processo intelectual.

"Tudo o que choca conscientiza" – essa sempre foi uma de suas máximas prediletas. Em palestra realizada para educadores musicais, em dezembro de 1990, na Teca – Oficina de Música, em São Paulo, Koellreutter começou anunciando:

> Talvez eu choque vocês um pouco...
> O choque é sempre um meio de conscientização e, do ponto de vista pedagógico, isso é muito importante!
> Cada um de nós deveria ser um "choqueur" em seu "métier".
> E o educador musical deve ser um "chocador" de crianças.
> A gênese de um nível diferente de consciência é o choque.

Ao defender a ideia de que o processo de conscientização se dá no corpo integrado, e não apenas no plano do conhecimento intelectual, Koellreutter sintoniza-se com pressupostos defendidos por cientistas cognitivistas que defendem que a consciência está no corpo integrado, e que pensar é agir[36].

Quando trata da educação musical[37], ele propõe que os processos de aquisição de competências musicais de cada indivíduo – para escutar, produzir, refletir – sejam entendidos e considerados como processos de conscientização, e não como mera aprendizagem no sentido tradicional da instrução. Para isso, é preciso que ocorra uma efetiva interação com o fazer musical, pela integração de corpo e mente, prática e teoria, intuição e razão; enfatizando a pesquisa, a exploração de possibilidades e a criação, que, dentre outros, são aspectos considerados essenciais ao processo de educação.

---

36. Cf. THELEN e SMITH, 1998, e MATURANA e VARELA, 1997.
37. O projeto pedagógico-musical de Koellreutter está documentado em BRITO, 2001.

Dessa maneira, a educação musical torna-se também um caminho para ampliar a percepção e a consciência, superando preconceitos e pensamentos dualistas decorrentes do racionalismo, com suas teorias, mecanicismo e positivismo. E é atrelando a educação à consciência que Koellreutter tece parte de sua trama, propondo o que ele chamou de "ensino pré-figurativo".

Ao propor um sistema de educação que incita o homem a se comportar perante o mundo como um artista diante de uma obra a criar, o músico reitera e reforça o conceito de consciência que propõe, o qual implica o inter-relacionamento constante e criativo entre corpo/mente/ambiente.

> O "ensino pré-figurativo" orienta e guia o aluno, não o obrigando, porém, a se sujeitar à tradição, valendo-se do diálogo e de estudos concernentes àquilo que há de existir ou pode existir, ou se receia que exista. Um sistema educacional em que não se "educa", no sentido tradicional, mas, sim, em que se conscientiza e "orienta" os alunos através do diálogo e do debate (KOELLREUTTER, 1997, pp. 41-65).

Classificando a postura tradicional de educação musical como "ensino pós-figurativo", Koellreutter apresentou, de modo comparativo, exemplos característicos dos distintos modos de conduzir os processos pedagógicos:

> Ensinar a teoria musical, a harmonia e o contraponto como princípios de ordem indispensáveis e absolutos é "pós-figurativo". Indicar caminhos para a invenção e a criação de novos princípios de ordem é "pré-figurativo".
> Ensinar o que o aluno pode ler em livros ou enciclopédias é "pós-figurativo". Levantar sempre novos problemas e levar o aluno à controvérsia e ao questionamento de tudo o que se ensina é "pré-figurativo" [...].
> Ensinar composição fazendo o aluno imitar as formas tradicionais e reproduzir o estilo dos mestres do passado, mas, também, o dos mestres do presente, é "pós-figurativo". Ensinar o aluno a criar novas formas e novos princípios de estruturação e forma é "pré-figurativo" (KOELLREUTTER, 1997, p. 42).

O percurso do "Koellreutter educador" também revela seu processo de contínua e dinâmica transformação, fluindo para movimentos em direção à realidade do todo, para o *hólos* e, ao mesmo tempo, o ser, a consciência, e não apenas para a música, em seu recorte habitual. A ideia da música em transformação integra-se ao emergir de modos de perceber e conscientizar o mundo.

As primeiras décadas vividas em nosso país já deixavam transparecer a inquietação em busca de um ensino de música vivo e significativo, pensando na atualidade e na funcionalidade dos projetos de educação, no educar para a música nova... Textos escritos nas décadas de 1940 e 1950, assim como depoimentos de alguns de seus alunos durante o citado período[38], documentam posturas e preocupações que o acompanharam desde então[39], as quais confirmam nossas colocações.

Em 1950, inaugurando o Primeiro Curso Internacional de Férias Pró-arte, em Teresópolis/RJ, ele aponta:

[...] Será fundamental a máxima tolerância nos debates, que abrangerão todas as ideias artísticas e filosóficas que preocupam o artista contemporâneo. [...] Estabeleceremos um ambiente de estudo em que sempre existe um alento de criação e o professor, nenhum "semideus sabe-tudo", alheio a todos os problemas, é o guia do aluno, o amigo, o conselheiro... (KOELLREUTTER, 1997, p. 27).

Desse modo, a transformação dos valores e conceitos orientadores dos sistemas educacionais – que incluem a organização dos currículos e conteúdos, a metodologia de ensino, as relações entre professores e alunos, dentre outros aspectos – foi uma questão essencial para o compositor, desde a primeira etapa de seu percurso no Brasil. A crítica aos

---

38. Edino Krieger, Júlio Medaglia e Lydia Hortélio discorrem sobre o assunto no documentário *Koellreutter e a música transparente*, 2000.

39. Parte significativa dos textos escritos por Koellreutter foi publicada em KATER, 1997.

métodos fechados, a título de ilustração, já estava presente no discurso de abertura dos Seminários Internacionais de Música, na Universidade Federal da Bahia, em Salvador, em 1954:

> Sabemos que é necessário libertar a educação e o ensino artísticos de métodos obtusos, que ainda oprimem os nossos jovens e esmagam neles o que possuem de melhor. A fadiga e a **monotonia** de exercícios conduzem à mecanização tanto dos professores quanto dos discípulos [...].
> Inútil a atividade daqueles professores de música que repetem doutoral e fastidiosamente a lição já pronunciada no ano anterior. Não há normas, nem fórmulas, nem regras que possam salvar uma obra de arte na qual não vive o poder de invenção. É necessário que o aluno compreenda a importância da personalidade e da formação do caráter para o valor da atuação artística, e que na criação de novas ideias reside o valor do artista (KOELLREUTTER, 1997, p. 31).

O curso do processo vivencial de Koellreutter também redimensionou o território do educar. Trabalhando continuamente com música e seres humanos, ele transcendeu[40] sua concepção de educação. Se as primeiras décadas tiveram como alvo a formação de músicos[41], o período pós-Oriente foi dedicado ao desenvolvimento de um projeto visando à formação integral do ser humano.

A "educação para a música" integrou-se à "educação pela música": educação como jogo em que as qualidades da música influenciam as qualidades humanas (e vice-versa), sem pretender formar músicos, mas, sim, seres humanos preparados para viver o "novo mundo".

O compositor sempre defendeu o caráter funcional da arte, que, "como instrumento de libertação, se torna um meio indispensável de

---

40. No sentido específico atribuído ao verbo transcender: inserir em uma dimensão mais ampla, sem destruir.

41. E, nesse sentido, houve grande empenho para superar os modelos educacionais vigentes, visando estabelecer planos de educação voltados à criação, à pesquisa, ao debate, à atualização de conceitos, técnicas e procedimentos etc.

educação pelo fato de oferecer uma contribuição essencial à formação do ambiente humano" (KOELLREUTTER, 1997, p. 38).

Como "professor de músicos", ele se preocupou em capacitar profissionais para "encarar a arte como arte aplicada, isto é, como um complemento estético aos vários setores da vida e da atividade do homem moderno. Acima de tudo, (formar) musicistas que deverão estar preparados para colocar suas atividades a serviço da sociedade" (KOELLREUTTER, 1997, p. 39). Nessa perspectiva, sua atenção dirigiu-se à formação de músicos e educadores aptos a trabalhar na sociedade contemporânea emergente.

O professor interessou-se, especialmente, pela formação de educadores para o desenvolvimento de um:

> Tipo de educação musical não orientando para a profissionalização de musicistas, mas aceitando a educação musical como meio que tem a função de desenvolver a personalidade do jovem como um todo; de despertar e desenvolver faculdades indispensáveis ao profissional de qualquer área de atividade, como, por exemplo, as faculdades de percepção, as faculdades de comunicação, as faculdades de concentração (autodisciplina), de trabalho em equipe, ou seja, a subordinação dos interesses pessoais aos do grupo, as faculdades de discernimento, análise e síntese, desembaraço e autoconfiança, a redução do medo e da inibição causados por preconceitos, o desenvolvimento de criatividade, do senso crítico, do senso de responsabilidade, da sensibilidade de valores qualitativos e da memória, principalmente, o desenvolvimento do processo de conscientização do todo, base essencial do raciocínio e da reflexão [...].
> Trata-se de um tipo de educação musical que aceita como função da educação musical nas escolas a tarefa de transformar critérios e ideias artísticas em uma nova realidade, resultante de mudanças sociais (KOELLREUTTER, 1998, p. 44).

O espaço da educação musical, na concepção koellreutteriana, deve estimular a participação ativa, a criação, o debate, a elaboração de hipóteses, a análise crítica; o educador deve guiar-se pela observação e pelo respeito ao universo cultural, à cultura e aos interesses dos alunos.

Uma das mais recorrentes e significativas frases, repetida exaustivamente por Koellreutter, diz que "o professor deve aprender a apreender do aluno o que ensinar", propondo um repensar da questão curricular, da organização dos conteúdos a serem ensinados e, principalmente, do papel e da postura do educador. Este, de transmissor de informações e conhecimentos, passa a animador, a parceiro. É importante lembrar que sua postura como educador reflete, também, seu envolvimento com a fenomenologia de Merleau-Ponty.

É importante ressaltar o fato de que Koellreutter propôs um modelo curricular circular. Dispostos em um círculo, os conteúdos adequados ao trabalho a ser realizado em cada etapa podem ser considerados em sua condição de interdependência, superando hierarquias e organizações sequenciais lineares. Desse modo, o espaço educacional torna-se também um espaço aberto, que não dispensa a organização de conteúdos, mas que permite adequar, reorganizar, sobrepor etc. Esse modelo curricular visa ao todo, exigindo a presença de um educador que, mais do que preparar a aula do dia, se prepara para dar aulas, integrando-se com o grupo.

Também no território da educação, é visível a busca da transcendência do pensamento dualista: educador e educandos constituem-se partes de um todo, são complementares, influenciando-se mutuamente e, assim, construindo um caminho. Caminho este que se traça ao caminhar, como dizem os versos do poeta Antonio Machado, citado por Morin em sua obra *Método* (MORIN e LE MOIGNE, 1999, p. 21): "Caminante, no hay camino, se hace el camino al andar".

Em vez de trabalhar com sistemas de ensino padronizados, que visam a resultados precisos e imediatos, o educador deve facilitar situações para que a aprendizagem seja autodirigida, com ênfase na criatividade e na capacidade de refletir. E, segundo Koellreutter, a improvisação é o meio ideal para promover esse ambiente. Em vez de perder tempo com questões que os alunos podem resolver sozinhos, o educador deve aproveitar a aula para fazer música, experimentar, discutir e debater (lembrando que o debate e os problemas que surgem no decorrer do trabalho interessam mais do que as soluções).

O projeto pedagógico-musical desenvolvido pelo professor tem a improvisação como ferramenta principal. A improvisação é a "dança do mestre Wu Li koellreutteriano": dançando com seus alunos, o mestre conduz à essência do fazer musical, enquanto busca, também, desvelar a transparência da imagem do mundo.

A prática da improvisação, além de estimular a atividade criativa, permite vivenciar e conscientizar questões musicais lado a lado a aspectos humanos, conforme já expusemos.

É importante observar que a concepção koellreutteriana de educação propõe integrar teoria e prática, algo de extrema importância, visto que o pensar dualista excludente gerou equívocos ainda não superados.

A interdependência entre pensar e agir (dentre outros aspectos) foi enfatizada por meio da criação de uma série de jogos de comunicação e modelos de improvisação: estratégias para favorecer a integração e, ao mesmo tempo, facilitar a construção do conhecimento musical de forma significativa e reflexiva.

O professor sempre criticou o tempo gasto em aulas de teoria musical, em que, sem fazer música, "ensinavam-se" regras e definições. Segundo ele, esses momentos eram absolutamente desnecessários e, pior, nocivos.

Por meio da improvisação, ele intentou colocar em prática os postulados defendidos em seu projeto: proporcionar experiências musicais integrando o fazer e a conscientização dos conceitos trabalhados, sempre considerando o nível de consciência e a cultura de cada pessoa, de cada grupo, como determinantes de sua relação com o mundo; propondo, outrossim, que as situações de ensino-aprendizagem levem em conta o conhecimento, a vivência e a experiência prévia do aluno. Nesse sentido, seus pressupostos pedagógicos aproximam-se das teorias construtivistas de educação[42].

---

42. Cf. VIGOTSKI (1989) e PIAGET (1978).

Os modelos de improvisação devem ser compreendidos em sua condição de estrutura aberta, como pontos de partida para o desenvolvimento de variações e transformações, como estímulos à criação de outros jogos, especialmente se realizados em companhia dos alunos. Volta aqui a proposição que afirma: "eles se parecem com o mar, que é sempre igual, mas sempre diferente".

No entanto, o professor alertou para a necessária distinção entre improvisar e "fazer qualquer coisa", já que, segundo ele, "não há nada que precise ser mais planejado do que uma improvisação". Para improvisar, afirmou, é preciso definir claramente os objetivos que se pretende atingir, bem como os critérios de realização. A partir daí, o trabalho é grande: ensaiar, experimentar, refazer, avaliar, escutar, criticar... "O resto é vale-tudismo!"

Vale destacar que, ao afirmar a necessidade de definir critérios e objetivos para o desenvolvimento dos projetos de improvisação, Koellreutter focava os territórios da educação. Ainda que a proposta fosse uma improvisação livre, um jogo de escuta sem regras predeterminadas, seria, sim, um modo musical pedagógico que, em determinado momento e para determinado grupo, seria importante, ou mesmo essencial.

Seu projeto pedagógico/artístico/existencial, em qualquer instância, orientou-se por três preceitos básicos, de imediato apresentados a seus alunos:

- Não existe erro absoluto nas artes.
- Não acreditem em nada: que o professor diz, que vocês leem, que vocês pensam, que eu digo. Questionem tudo o tempo todo, até o último dia.
- Perguntem sempre "por quê?" a tudo e a todos.

Propondo um ambiente de ensino musical onde o professor "aprende do aluno o que ensinar", o currículo é uma estrutura aberta, flexível e diversa; a música dialoga com outras áreas do conhecimento, a análise comparativa é um recurso em tempo presente, o aluno é instigado a questionar tudo, a escuta é priorizada, e a criação é uma condição essencial. Koellreutter entende a educação musical como território para o exercício de valores essenciais à transformação do ser humano e das sociedades, para a construção da "nova imagem de mundo". E também para a realização da música dessa nova era, de modo aberto, flexível, dinâmico e singular.

"O humano é o objetivo da educação musical."

O palhaço

A título de complementação, apresento o modelo de improvisação *O palhaço*[43], "quase um clássico" dentre os modelos de Koellreutter.

O palhaço permite pensar sobre uma questão essencial: a transformação do conceito do tempo – no mundo e na música. Na mesma proposta, trabalha-se com os tempos métrico, não métrico e amétrico. Em uma espécie de jogo simbólico infantil, os cidadãos, a lei e o palhaço atualizam a realização musical, criando, em um ambiente lúdico, o cruzamento de forças diversas.

O tema desse modelo é a integração de três forças diferentes, caracteres sonoros, ou, ainda, caracteres de movimentos inter-relacionados, a saber:

- Metro rigoroso – que não muda o andamento. Ex.: metrônomo, relógio. Na improvisação, representa a presença da lei que, inflexível, não se altera, marcando sempre o mesmo pulso.
- Ritmos *ostinati* – representam os cidadãos que obedecem à lei. Cada um deles deve criar seu próprio **ritmo** (simbolizando, assim, sua individualidade), orientados, no entanto, pelo metro (a lei), que é comum a todos.

---

43. Transcrito de BRITO, 2001, pp. 102-108.

- Força oposta – sem se orientar pelo metro, indica a força amétrica. Representa a presença do palhaço, anarquista, daquele que transcende um sistema qualquer.

Metodologia empregada

- Instrumentos utilizados: membranofones, xilofones, instrumentos de madeira e percussão com timbres agudos e penetrantes.
- Organização: é interessante contar com um número máximo de 16 improvisadores, que poderão ser divididos da seguinte maneira:
  - Três para o metro (lei), mas é aconselhável começar com apenas um.
  - Um ou dois participantes para representar os palhaços (ou oposição).
  - Cidadãos (ritmos *ostinati*).

Além dos participantes, convém contar com um grupo de observadores e comentadores do processo.

- Posição: forma de círculo, com a(s) lei(s) no centro. O(s) palhaço(s) fica(m) fora.
- Realização:
  - Começar com o metro M = 60 (lei). É aconselhável utilizar clavas ou *wood-block*.
  - Membranofones, que entram um após outro (cidadãos), cuidando para que cada um deles possa escutar não só o precedente, mas o todo que aos poucos vai se formando. Os *ostinati* criados devem ser diferentes, podendo ser mudados de vez em quando, ou depois de uma **pausa**. Essas mudanças não devem ser feitas de uma hora para outra, mas a partir de estímulos, com uma finalidade. Uma mudança de intensidade vinda das clavas pode, por exemplo, sinalizar a mudança de *ostinato*.

- O opositor (palhaço) aparece após a formação da faixa rítmica dos cidadãos. Deve usar toda sua fantasia, independência e personalidade[44], atuando, inicialmente, de modo não métrico; torna-se amétrico à medida em que ataca e contra-ataca o metro, ou seja, quando se relaciona com o metro.

Conforme esclarecia Koellreutter em suas aulas: "Tudo deve ter um sentido: ter relação com aquilo que passou e aquilo que virá. O sentido está na preparação do ouvinte. O critério está no relacionamento dialogal". Para ele, era necessário contar com diretrizes para que a improvisação atinja os objetivos, pensando no crescimento musical dos alunos e alunas.

- Observações:
   - Não trabalhar com um grupo que tenha mais do que 16 participantes, o que dificultaria a compreensão do todo da improvisação.
   - É importante discutir com o grupo a escolha dos instrumentos. A madeira, por exemplo, fica para a lei porque é mais precisa, de pouca capacidade de ressonância. Mas esse aspecto, como todos os outros, deve ser discutido por todos os participantes.
   - Um problema que deve ser vivenciado é a distância entre os cidadãos; outro, o lugar onde deve ficar o opositor. Nesse sentido, convém promover situações diversas para que o grupo possa avaliar os efeitos gerados, ou seja, para que avalie em que medida o posicionamento dos participantes interfere na comunicação musical e, consequentemente, no resultado sonoro.
   - Discutir previamente o decurso da improvisação com os alunos, que devem participar ativamente de todo o processo.

---

44. Para o músico, o êxito do artista é a personalidade. Não podemos ensiná-la, mas desenvolvê-la, segundo ele. Portanto, nesse sentido, a atuação do palhaço assume uma proporção importante.

- É importante que o dirigente, chefe da improvisação, observe os improvisadores e faça comentários engraçados, inspirando e estimulando a atuação de todos e, notadamente, do palhaço, que é, sem dúvida, a mais difícil.
- O palhaço deve comentar (musicalmente) todo o trabalho dos cidadãos, utilizando o recurso do espanto e do susto. Deve negar o metro (representado pela lei) e a repetição, agindo e improvisando sem interrupção. Tem de "caçoar" dos cidadãos ou assustá-los, assim como aos rapazes da lei. Essa atitude prepara para um fenômeno estético muito importante, o elemento surpresa.

Toda música consiste em elementos que se espera que aconteçam (elementos de redundância) e outros que não se espera (elementos de informação/surpresa).

Na improvisação *O palhaço*, temos:

1) Elementos de **redundância** – lei e os cidadãos (pulso regular e ritmos orientados por um metro).

2) Elementos de informação – palhaço, ou seja, a própria improvisação.

- Outro importante objetivo da realização musical não métrica, que deve ser observado pelo professor, é o desenvolvimento da capacidade de se manifestar de modo concentrado e conciso, pois "o problema estético de todo artista é limitar-se. Liberdade não é indisciplina, mas domínio da matéria com o qual se trabalha".

Quando o grupo de improvisadores contar com dois palhaços, deve-se criar um inter-relacionamento entre eles, para gerar unidade.

Critérios para crítica e avaliação do trabalho

A avaliação ou crítica será realizada pelos apreciadores, bem como pelo professor ou pelo dirigente, que dialogarão com os músicos, observando os critérios a seguir.

- Dinâmica: é interessante estimular variações de dinâmica, estabelecendo diferenciações para despertar a consciência do valor expressivo da dinâmica no discurso musical. Ex.: o crescendo pode partir do metro (lei), passando ou não para os ritmos (cidadãos), e, dependendo do resultado, para o palhaço. É interessante propor e sugerir variações de dinâmica "educando os jovens para fazer sons 'pianos'; convém que se inicie a improvisação com *p* ou *pp*, introduzindo, depois, diferenciações dinâmicas de intensidade".
- Metro: para obter um efeito interessante, pode-se propor que os responsáveis pela lei (metro) troquem de papel com alguns cidadãos (ritmos *ostinati*), sem que o grupo de observadores perceba. Esse exercício "desenvolve nos alunos o senso de disciplina e concentração, cria um melhor relacionamento com o outro e desenvolve a sensibilidade necessária para passar de uma frase musical a outra sem que haja a sensação de passagem".
- Ritmo: em relação aos "cidadãos", é importante que haja muito contraste entre os *ostinati*. Deve-se observar também se o grupo sustenta realmente o metro.

Variações sobre *O palhaço*

Como parte do trabalho, o professor solicitava ao grupo a criação de variações sobre o modelo proposto, visando, sobretudo, à ampliação do trabalho. Os exemplos apresentados a seguir foram por mim sugeridos[45], integrando a realização musical ao trabalho de registro e grafia:

---

45. Durante o curso de atualização pedagógica, entre 1979 e 1982, na FAP-Arte, SP.

Variação I

Cada "cidadão" receberá um cartão com duas ou, no máximo, três figuras de durações diferentes, com as quais deverá criar um *ostinato*. Ao sinal da "lei" (mediante mudança de pulsação ou intensidade, por exemplo), mudam-se os cartões (em círculo, passando para o colega ao lado) e criam-se novos *ostinati* (utilização de notação precisa).

O palhaço receberá vários cartões (quatro, como sugestão) com notação gráfica, que ordenará da forma que preferir; poderá utilizar todos os cartões, repeti-los, excluir algum etc. Observação: trabalhar bastante com os "cidadãos" antes de introduzir a atuação do "palhaço".

Variação II

Cada "cidadão" cria seu *ostinato* e, em seguida, anota o ritmo em um cartão, utilizando pontos (sons curtos) e linhas (sons longos). Na sequência, realiza-se uma troca de cartões entre os "cidadãos", para que cada um deles execute o ritmo grafado no cartão recebido, da maneira como o entender. Seguem-se uma análise e o confronto entre os resultados (ritmo criado *vs.* ritmo grafado). Observação: o palhaço não atua.

Variação III

Desenvolvimento normal do trabalho: lei/cidadãos/palhaço/grupo de observadores. Estes terão a função de grafar a execução tanto do palhaço quanto dos cidadãos, utilizando as formas de grafia possíveis e conhecidas do grupo.

VI – "Morto é o culpado; não o assassino"
À maneira de uma conclusão

Escute aqui, Teca: natural é fazer xixi.
Tudo o mais é cultural!
Hans-Joachim Koellreutter

Koellreutter respondeu com essas palavras a uma afirmação minha, reafirmando a importância do contexto cultural em que vivemos como determinante de nossos modos de ser, estar e também fazer música.

Ele costumava contar um exemplo pessoal vivido na Índia, que ilustra a importância da contextualização cultural do fato musical. Trabalhando com um grupo de estudantes de música, ele propôs a realização de um jogo de improvisação que tinha como critério a transformação da intensidade do som, sugestão que gerou reações de surpresa e estranhamento.

O *crescendo* que conduziu o ambiente sonoro – do *pianíssimo* ao *fortíssimo* – produziu também o eclodir de sonora gargalhada. O professor, então, perguntou qual o motivo de tanto riso, ouvindo do grupo a resposta: "É a primeira vez que fazemos isso! Jamais havíamos sequer pensado nessa possibilidade".

O canto dos monges budistas ou do povo de Tuva, na Mongólia, também revela a singularidade própria à diversidade musical. Ao escutar um cantor de Tuva e perceber a simultaneidade de sons instaurada, uma criança reagiu dizendo: "Isso é impossível! Deve ser algum truque".

Sentidos e significados do fazer musical emergem, então, da inter-relação e conexão com o todo da cultura do qual faz parte, considerando também as particularidades de quem faz música: adulto ou criança, em seus respectivos ambientes e condições de contato, experiências e realizações musicais.

O território do pensar/agir koellreutteriano – esférico, circular, sem início ou fim, sem fronteiras ou limites demarcados – redimensiona, dinâmica e continuamente, ideais e procedimentos musicais estéticos e pedagógicos. Isso enquanto constrói e comunica uma "nova imagem de mundo".

Os jogos do viver e fazer música fundem-se em uma "ideia única de música": ideia que, por princípio, rejeita "uma única ideia de música"; agenciamento de um "ouvinte aberto para o mundo" que transforma em música; que transforma o mundo; que transforma...

Koellreutter integra o racionalismo ocidental alemão às experiências vivenciais no Oriente, com liberdade, ousadia, disciplina, capacidade de análise, criatividade e espírito crítico. E assim escuta, compõe, analisa, ensina, educa, cria e recria conceitos, em um exercício que, no entanto, não se funda nas regras e estruturas do academicismo, mas, sim, na vivência e na experiência estética.

"Morto é o culpado; não o assassino" é expressão-chave do "ser e estar koellreutteriano". Frase repetida inúmeras vezes, chamando à ação, à atitude, à responsabilidade pela criação e construção.

"Não existem maus alunos, somente maus professores", o ouvimos dizer também muitas vezes, completando: "o morto é o culpado e, nesse caso, o morto é o professor!"

Na proposta koellreutteriana, a educação musical é território de construção de vínculos com a linguagem musical, pelo respeito à condição – própria à música – de sistema dinâmico de interações e relações entre sons e silêncios no *continuum* espaço-tempo. A experiência musical no plano da educação se atualiza pelo jogo do perceber, intuir, sentir, refletir, criar, transformar... Pela integração entre corpo e mente, assim como entre pensar e agir.

Música é consciência, que percebe, produz, reflete, explica... Música é perceber e pensar o mundo. É simbolizar, significar, representar, repetir. É a cultura, é o ambiente.

Música mágica de povos mágicos... Música circular de povos que vivem tempos-espaços circulares... Música da infância... Música eletrônica, música eletroacústica... Música silenciosa... Música.

Ciência e música... Política e música... Religião e música... Educação e música...

Percorrer o território do pensamento koellreutteriano permite refletir sobre o ser e estar da música na cultura e, especialmente, no espaço da educação; sobre a importância do redimensionar e do transformar. É pretexto para a reconsideração de valores e hegemonias; para a revitalização do significado da experiência estética e do viver a vida como jogo da arte. Pretexto para questionar o sentido e a função da educação, de modo geral, e da educação musical, particularmente.

Percorrer o território desse pensamento é, também, pretexto para confrontar-se com os muitos sujeitos que habitam cada ser. Para confrontar-se com dúvidas e contradições, indagar, pesquisar, transcender... Buscando, sempre, o "equilíbrio dos contrários". Para sempre perguntar "por quê?"

Um "modo koellreutteriano" de fazer/pensar/ensinar música é um "modo musical" de criar, pensar, transformar, educar, enfim, sonorizar a contínua construção do mundo como "jogo e feira", "comunicação e disciplina em prol da comunidade", repetindo as palavras que ele escreveu para apresentar o **arte-jogo** Fim de feira[46], dirigido por ele em 1999.

---

46. Projeto que desenvolvemos em parceria, reunindo estudantes e profissionais da Teca – Oficina de música, em São Paulo, apresentado no Museu da Imagem e do Som em dezembro de 1999, documentado no livro *Koellreutter educador: o humano como objetivo da educação musical*.

Finalizo este trabalho reproduzindo o pequeno texto que Koellreutter elaborou para apresentar o arte-jogo, após uma silenciosa e expressiva reflexão. O pensamento fluente criou uma "sinérese" que, transcendendo o território do arte-jogo, deixou transparecer seu modo de ser e estar no mundo, aos 84 anos de idade:

> Recorremos ao arte-jogo Fim de feira porque acreditamos que tudo o que o ser humano faz é, em última análise, jogo e feira, ou seja, comunicação e disciplina em prol da comunidade.
>
> Desse modo, o nosso evento apresenta fatores de prazer, divertimento, humor e crítica do nosso dia a dia: uma ordem livre e espontânea, base de tudo o que nós fazemos para a criação de uma sociedade humanista e criativa.
>
> É verdade que a nossa convivência nas grandes cidades, no interior e no campo representa uma grande feira que serve a todos, cuja vida é a arte de fundir o necessário, o indispensável com o agradável e prazeroso; talvez a obra de arte mais difícil e mais importante que o ser humano possa criar.

Terminologias e conceitos atualizados por Koellreutter

A

Acausalidade (alfa privativo): princípio de causa e efeito em que este não é previsível ou pressentido.

Acorde: bloco sonoro resultante da emissão simultânea de três ou mais sons de alturas diferentes que são ordenados em terças sobrepostas, considerando suas inversões. Termo normalmente empregado na música tonal.

Acronométrico (alfa privativo): relativo a um conceito de tempo (de categoria qualitativa) que se realiza fora do tempo racionalmente medido (de categoria quantitativa).

Adjunção: ato de juntar signos musicais distintos, de modo a formar um segmento.

A-histórico: a palavra a-histórico não significa antinomia ou negação da palavra histórico, mas faz compreender, principalmente, a tendência de libertar-se, de privar-se de alguma coisa. Expressa a libertação da validez exclusiva do histórico, do não histórico e do pré-histórico como conceitos absolutos ou predominantes em nossa cultura. Transcende o histórico. Não se trata de uma síntese do não histórico, do pré-histórico e do histórico, mas de uma sinérese.

Aleatório: dependente de fatores incertos, sujeitos ao acaso. Estruturação musical de caráter **estatístico**.

Alfa privativo: A = prefixo grego. Dá a ideia de transcendência, privando o conceito do seu valor absoluto. Não é contrário nem conforme, e não tem o significado do termo a que precede. O alfa privativo incorpora determinado conceito em outro de maior abrangência.

Amétrico (alfa privativo): refere-se a uma disposição dos elementos temporais da partitura que causa a sensação de ausência de metro rigoroso. Tem uma pulsação, mas o ouvinte não percebe. Ex.: grande parte das composições da segunda metade do século XX.

Analisar: relacionar uma obra musical com outras ou à sua experiência.

Análise descritiva: estudo objetivo do texto musical (partitura) no que se refere à sua estrutura, forma e estilo de composição (análise harmônica, melódica, formal e estatística), constatando fatos sem interpretá-los; análise relativamente objetiva.

Análise fenomenológica: estudo subjetivo e interpretativo de ocorrências ou fenômenos musicais, em que estes se definem como causa e efeito de sensações e emoções percebidas pelos sentidos; procura conscientizar os efeitos e sensações produzidos pela obra de arte no ouvinte. Muda de pessoa para pessoa.
A análise fenomenológica transcende a descritiva e só é possível depois desta.

Antinomia: oposição recíproca. Conflito entre duas afirmações demonstradas ou refutadas aparentemente com igual rigor.

Arracional (alfa privativo): que não é contrário nem conforme ao racional: que transcende o racional.

Arracionalidade: qualidade do arracional. Incorpora as formas de pensamento tradicionais (irracional e racional) num pensar integrador.

Arte-ação ou arte-aplicada: também chamada de Arte Funcional, pode ser vista como o futuro do mundo artístico, pois cada vez mais a sociedade vem enfatizando sua aplicação em outras áreas, principalmente na educação dos jovens e na percepção de um mundo integrado.

Arte-jogo ou arte-lúdica: sem intenção profissional, sua função é divertir.

Arte-ciência ou arte experimental: não permite a previsão dos resultados. O artista cria novos meios de expressão, que serão utilizados pela **arte-ação** e pela arte-jogo.

Atonalismo (alfa privativo): princípio de estruturação musical que transcende o da tonalidade, ou seja, integra o princípio tonal em uma ordem sintática mais ampla. Ex.: Franz Liszt, *Bagatela sem tonalidade*; Alban Berg, *Concerto para violino e orquestra*.

B

Bloco sonoro: aglomerado de sons simultâneos. Ex.: acorde, simultanoide, bloco de ruídos.

C

Campos sonoros: resultado da organização global de signos musicais, dentro de um determinado lapso de tempo. Produto de uma estética relativista que compreende estruturas com determinação aproximada, tendendo à sua fusão, diluição e unificação.
O campo descuida dos elementos que requerem precisão, exatidão, rigor e regularidade de execução, pois é estrutura avolumétrica (alfa privativo).
Com a composição de campos, desaparece definitivamente o que se praticou até então como composição de vozes.

Causalidade: princípio de causa e efeito em que este é previsível ou pressentido.

Célula: elemento estrutural básico, melódico e/ou rítmico de um contexto temático.

Clagal: do grego *klaggé* = som de certos instrumentos metálicos de sopro. Relativo ao som produzido por meios instrumentais.

Cluster: do inglês = cacho, ramalhete. Bloco sonoro que resulta da emissão simultânea de segundas maiores ou menores, ou ainda de **microtons** superpostos.

Coautor:
1) Intérprete que atua como participante na elaboração de uma versão de determinada obra a ser apresentada.
2) Ouvinte "participante", que não apenas "ouve" uma determinada ocorrência musical, mas nela interfere pela percepção.

Compasso: unidade divisória que coordena pulsação, métrica e ritmo.

Complexo sonoro: conjunto de linhas sonoras justapostas ou sobrepostas, não perceptíveis isoladamente. Distingue-se do bloco sonoro pela maior duração dos elementos. Tipos de complexos sonoros:

   a) Complexo regular: composto por linhas sonoras agrupadas em intervalos iguais.

   b) Complexo irregular: composto por linhas sonoras agrupadas em intervalos desiguais.

c) Complexo textura: composto por linhas melódicas entrelaçadas.

d) Complexo estatístico: composto por uma multiplicidade de efeitos sonoros aleatórios.

A música se aproxima de um todo sonoro interconectado sem planos de hierarquia, em que cada parte influencia as características das outras. Os sons deixam de ser "objetos" distintos, pois são ligados mais estreitamente do que na música tradicional aos fenômenos sonoros que os circundam.

Surge o conceito do silêncio como elemento expressivo, bem diferente da pausa tradicional; a música manifesta-se como um processo de intercâmbio e interação entre som e silêncio.

Comunicação: transmissão de informação, isto é, participar uma mensagem de algo novo, de fatos, acontecimentos ou processos que são novos, desconhecidos ou pouco conhecidos. Algo desconhecido ou pouco conhecido, no entanto, diferente em cada sociedade e depende, finalmente, de seu nível de consciência e bagagem cultural. Porque o mundo que percebemos é, em última instância, ilusão, uma ideia de realidade que beira autoilusão, surgida do fato de que, desde o instante de nosso nascimento, foi-nos descrito sempre de uma mesma forma.

Consciência[47]: capacidade do ser humano de apreender os sistemas de relações que o determinam, as relações de um dado objeto ou processo a ser conscientizado com o meio ambiente e o eu que o apreende.

Consonância: qualquer som que, no contexto **normativo**, aparenta ser estável.

Continuum: todo que não aparenta componentes distintos.

Continuum **espaço-tempo**: espaço quadridimensional onde ocorrem os fenômenos físicos, caracterizado por três coordenadas espaciais em um referencial tridimensional, e por uma quarta coordenada que indica variações no tempo.

Contraponto (do latim *punctus contra punctum* = nota contra nota): arte de coordenar melodias ou *gestalten* de expressão autônoma.

Cronométrico: que registra a duração de modo preciso. Tempo automático, medido.

---

47. A definição de consciência aparece em muitos textos e foi ditada, também, em muitas aulas, nos cursos de estética ou atualização pedagógica.

Cultura: Conceito unificador de tudo o que o ser humano cria e produz, que, em um mundo de integração[48] como o nosso, deve ser ampliado e estendido. Orgânica e dinamicamente, a cultura acha-se associada à história da sociedade, da qual não pode ser isolada... Como parte indispensável e inseparável da vida social, deve-se entendê-la como a totalidade dos esforços e empenhos dos seres humanos, dos seus objetivos de vida a serem realizados dentro de um determinado ambiente natural e social. Tais objetivos são firmados de modo consciente e também inconscientemente, para melhorar a situação ou as circunstâncias vitais, sendo que essa melhora pode ter lugar em diversas áreas (da ética, da estética, do material ou do social).

O conceito abrange, além do complexo de costumes e valores espirituais e intelectuais, todas as intenções e normas criadas, individual ou socialmente, e o complexo de padrões de comportamento e organização, incluindo sindicatos, instituições de previdência social, hospitais e escolas.

A busca pela satisfação humana das necessidades ou desejos gera a cultura, que ocorre em um sistema complexo de atividades materiais, sociais e intelectuais que nunca devem ser levadas em consideração isoladamente, pois a cultura é um todo uno e indivisível. O que é fisiológico-material, portanto, elementar, e o que é mental-social, portanto, inculcado, são sempre interdependentes.

O humano emerge em virtude de relacionamentos vitais na sociedade. Alterações nas necessidades objetivas da sociedade implicam, forçosamente, alterações na cultura e nas funções das várias áreas da vida cultural e, naturalmente, também na música.

D

Deduzir: explorar as possibilidades musicais do material temático, dele tirando ideias, motivos ou ocorrências musicais como consequência lógica.

Densidade: maior ou menor concentração de elementos em um determinado lapso de tempo.

1) Densidade de sons sucessivos: o grau de densidade é obtido em função da quantidade de sons emitidos sucessivamente em um lapso de tempo.

---

48. Integração, no sentido utilizado por Koellreutter, é um dos modos de realização do pensar.

2) **Densidade de sons simultâneos**: o grau de densidade é obtido em função da quantidade de sons emitidos simultaneamente em um lapso de tempo.

Do ponto de vista acústico, a qualidade do intervalo interfere na complexidade harmônica do conjunto e, por conseguinte, em seu grau de densidade.

Derivar: formar um motivo a partir de outro, ou uma unidade estrutural a partir de outra, por meio de variação ou transformação.

Desenvolvimento: processo de fazer evoluir racionalmente uma determinada ideia musical, referindo-se de modo acentuado aos elementos estruturais.

Dimensão (em música):

1) Direção específica em que se percebe o decurso musical com o fim de avaliá-lo e apreciá-lo; a relação que se considera como suscetível de medida e análise racional.

2) Âmbitos das relações dos signos musicais.

Atualmente são conhecidos quatro tipos fundamentais de dimensão:

    1ª dimensão – **monodimensional** – sucessão dos signos musicais.

    2ª dimensão – **bidimensional** – simultaneidade dos signos musicais.

    3ª dimensão – **tridimensional** – convergência dos signos musicais (tonalidade).

    4ª dimensão – **quadridimensional** – integração dos signos e ocorrências musicais visando a um todo (**sístase**).

Dimensão pragmática: conjunto das relações que se estabelecem entre os signos musicais e o ser humano (compositor, intérprete, ouvinte, apreciador).

Dimensão semântica: conjunto de relações sintáticas e pragmáticas existentes entre os signos musicais, que causam a sensação de sentido.

Dimensão sintática: conjunto das relações que se estabelecem entre um determinado signo musical e os demais signos da composição.

Dimensionamento: processo de conscientizar relações que se consideram como suscetíveis de medida e análise racional (dimensões), calculando-as e definindo-as.

Dissonância: qualquer som que, no contexto do sistema harmônico normativo, aparenta ser instável e, portanto, demanda estabilidade.

Dodecafonismo: técnica de estruturação musical que utiliza como elemento unificador uma série de doze sons de alturas diferentes, ou seja, uma permutação da escala cromática.

Dualismo: modo de pensar ou raciocinar, baseado na existência de conceitos duais, interpretados como opostos que se excluem mutuamente.

E

Elemental (sinônimo de elementar):
1) Fundamental, simples, essencial.
2) Relativo a um idioma musical emergente.

Elementos conjuntivos: meios de repetição cuja função está em relacionar signos e/ou ocorrências musicais entre si, visando causar a sensação de unidade. Ex.: motivos, temas, variações e outros.

Elementos disjuntivos: meios cuja função é individualizar, separar signos e/ou ocorrências musicais entre si, visando à articulação. Ex.: dissonância-consonância; tempo forte-tempo fraco, entre outros.

Ensaio: produto estético com estrutura aberta, que nunca se fecha, e a cada repetição é sempre diferente. Experiência estética nova; momentos de vida.

Estatístico:
1) Tipos comuns relativos a ocorrências musicais que não permitem prever a relação causa/efeito.
A análise estatística revela apenas a probabilidade de comportamento dos sons (tendências).
2) Tipos comuns relativos a um método numérico que descreve a frequência dos signos e ocorrências na obra musical.

Estética: "A estética é a ideologia do artista"[49].
Do grego *aistheticós*, significa sensível, sensitivo.
Parte da filosofia que estuda as condições e os efeitos da obra de arte e da criação artística, assim como seu conteúdo. Estudo racional e fenomenológico da expressão artística, quer quanto às possibilidades de sua conceituação (estética objetiva), quer quanto à diversidade de emoções e sentimentos que ela suscita no homem (estética subjetiva).

---

49. As definições de estética e estilo aqui apresentadas foram registradas durante as aulas do curso Estética dos estilos, ministrado por Koellreutter no Conservatório Musical Brooklin Paulista, em 1983.

No que se refere à música, enquanto a estética objetiva se ocupa da descrição e análise do texto musical em relação à estrutura, forma e estilo, a estética subjetiva interpreta ocorrências e fenômenos musicais definidos como causa e efeito de sensações e emoções.

Estética descritiva: aquela que descreve os fatos observados e averiguados.

Estética fenomenológica: dedicada ao estudo subjetivo e interpretativo de fenômenos artísticos de caráter emocional, percebidos pelos sentidos, conscientizados ou não.

Estética informacional: baseada na Teoria da Informação, parte do conceito de que as artes constituem linguagens, posto que são sistemas de signos. Em relação à música, a estética informacional se interessa pelos modos de seleção e estruturação das estruturas sonoras (com os consequentes efeitos estéticos); pelas leis ou princípios de produção, percepção e critérios da criação musical; pelas condições a serem cumpridas na realização estética de uma obra musical. A base do processo estético informacional reside na possibilidade de medir os índices de redundância e de informação da obra musical em questão.

Estética normativa: estabelece critérios e normas para o julgamento e a apreciação da atividade artística, considerando que não há desenvolvimento sem crítica, em qualquer campo da sociedade.

O julgamento da obra de arte é basicamente exógeno. Parte de fora da atividade criadora, ou seja, da sociedade, desde a família, um grupo social restrito, até o Estado, o país, o mundo todo.

O valor da obra consiste em uma relação entre sujeito (artista) e objeto (sociedade), e pode ser econômico, prático, cultural. A sociedade, por sua vez, utiliza três critérios básicos para julgar uma obra de arte: a) o grau de comunicabilidade (para que a comunicação se estabeleça, a atividade artística deve servir-se de linguagem compreensível); b) o princípio da raridade ou do extraordinário (necessidade de informação – válido em todas as sociedades, é o valor máximo da obra de arte, intimamente relacionado com a informação, entendida como realização de algo novo, compreendendo três aspectos: subjetivo, objetivo e histórico); c) o valor utilitário (a obra de arte deve ter uma função que satisfaça às necessidades do grupo social ao qual é dirigida).

Estética relativista: estudo que parte da premissa de que os componentes da composição musical não podem ser considerados independentemente uns dos outros. Baseia-se no conceito da física de que tempo e espaço são grandezas inter-relativas (que exercem relação mútua).

Estilo: conjunto de características que unificam a produção artística de uma determinada época, de um determinado país ou de um determinado artista, ou que separam a produção artística de uma determinada época de outra, de um determinado país de outro etc.

O estilo existe em função da lei de separação (assim como tudo o que existe na vida e cultura humana). Distinguem-se, desse modo, os estilos históricos, nacionais ou pessoais. O estilo pessoal do compositor resulta de toda a escala de valores por ele enfatizados.

O mais significativo é o estilo de período, devendo-se notar que os estilos não caminham um após outro através dos séculos, mas se intercruzam e se sobrepõem: enquanto o estilo gótico, por exemplo, declinava, o estilo renascentista alcançava o auge, e o estilo barroco emergia. Estilos também podem emergir prematuramente em um país em particular ou entrar em declínio mais tarde em outros.

O estilo é o reflexo da estética; é a ideologia do artista no sentido das convicções e convenções filosóficas. Não existe sem a ideologia do artista, ou seja, sem a estética.

Estrutura:

1) Disposição, relacionamento e ordenação dos componentes e das partes constituintes da composição. Maneira como esses elementos se dispõem e se relacionam. Nesse sentido, a estrutura pode ser modal, tonal, serial, dodecafônica etc.

2) Abreviação do termo unidade estrutural.

Estruturalismo: é uma tendência estilística em que estruturas (unidades estruturais ou *gestalten*) substituem melodia, harmonia etc. Os componentes da obra musical estruturalista não são independentemente analisáveis, mas representam um conjunto de inter-relações dinamicamente perceptíveis, em constante movimento.

F

Fenomenologia: estudo analítico e detalhado de um fenômeno ou de um conjunto de fenômenos em que estes se definem por oposição às leis abstratas, ou às realidades de que seriam a manifestação.

Forma: resultado de um modo de estruturar. O todo que resulta da disposição e do relacionamento dos componentes e das partes constituintes (estrutura) da composição. É o modo sob o qual a composição se manifesta, tendo como elementos básicos a repetição, o contraste e a variação. A forma define a obra musical, como sonata, balada, rondó etc.

   a) **forma discursiva**: procede de maneira causal, **deduzindo** as ocorrências musicais como consequências lógicas de outras. Tem sua origem no pensamento racional (triangular = tese, antítese, síntese), o qual caracteriza a fase racionalista da história da humanidade. Sua estruturação é predominantemente simétrica, periódica (quadratura do compasso). Tem como características estruturais o desenvolvimento dos signos musicais por **iteração**. Os contrários são opostos e se excluem mutuamente (dualismo). A sensação da unidade formal resulta de um processo analítico-racional que leva à síntese. Sugere uma percepção analítico-discernente, acentuadamente prospectiva. Ex.: sonata, sinfonia, concerto etc.

   b) **forma poética**: procede de maneira não causal, derivando um signo musical de outro. Tem origem no pensamento pré-racionalista (circular). Sua estruturação é dessimétrica, não periódica. Tem como características estruturais a ordenação e a disposição dos signos através do processo de **adjunção**. Os contrários são complementares. A sensação da unidade formal é imanente ao todo, que é ponto de partida. Sugere uma percepção globalizante, predominantemente retrospectiva. Ex.: canto gregoriano, *órgano* etc.

   c) **forma sinerética**: procede de maneira acausal, associando elementos aparentemente distintos. Sua estruturação é assimétrica, aperiódica. Tem como características estruturais a mudança permanente dos signos musicais (tons, ruídos, mesclas, simultanoides, **incisos** etc.) por variação, transformação e rotação; isto é, sofre processo de metamorfose, tendendo à formação de campos limitados, tomados isoladamente em relação a outros. Os contrários fundem-se em uma multiplicidade ilimitada de signos musicais. A sensação da unidade formal resulta de um processo integrador (sinérese). Requer percepção sistática: por exemplo, algumas formas musicais de Boulez, Ligeti e Penderecki.

Ftegmático: do grego *phtegma* = voz, palavra, canto. Relativo ao som musical produzido por meios vocais.

G

Gestalt (alemão): unidade estrutural, configuração, constelação que tende à multidirecionalidade e à multidimensionalidade.

O termo *gestalt* não possui, na língua portuguesa, tradução que lhe dê sentido exato. Contudo, por aproximação, pode ser entendido como unidade estrutural, configuração ou constelação de signos que tendem a ser percebidos de imediato como um todo.

Não ouvimos partes isoladas, mas relações, isto é, uma parte na dependência de outra. Para a nossa percepção, que é o resultado de uma sensação global, as partes são inseparáveis do todo, e são outras que não elas mesmas fora desse todo. As forças básicas que regem o processo interno da percepção são unificação/coesão e segregação/disjunção. As forças de unificação agem em virtude da igualdade de estímulos (**elementos conjuntivos**). As forças de segregação agem em virtude da desigualdade de estímulos (**elementos disjuntivos**).

O Gestaltismo distingue cinco leis básicas:

a) Lei da proximidade: elementos próximos uns aos outros tendem a ser percebidos juntos, isto é, a constituir *gestalten*.

b) Lei da semelhança: a igualdade de aparência, timbre ou sons tende a constituir *gestalten* ou unidades estruturais.

c) Lei da conclusão: a percepção dirige-se espontaneamente para a ordenação de todos concluídos.

d) Lei da sequência ou boa continuidade: toda unidade linear (sucessão de signos musicais) tende psicologicamente a se prolongar na mesma direção e ordem e com o mesmo movimento.

e) Lei da experiência: elementos que, de acordo com a nossa experiência, formam um todo, tendem a constituir *gestalten*.

Grupo de sons: agrupamento não direcional de sons, cujos elementos não obedecem a uma ordem periódica, que pode ser percebido como um todo.

H

Harmonia:

1) Concatenação de acordes (e de suas funções) segundo os princípios da tonalidade.

2) Disposição que regulariza a coerência e as proporções das partes de um todo.

Hólos: do grego, inteiro, completo.

Holístico: relativo ao todo.

I

Ideologia: Entende-se por ideologia o conjunto de ideias religiosas, sociais, econômicas, políticas e filosóficas que o homem tem em relação ao seu próprio comportamento dentro da sociedade. Portanto, não pode haver artista sem estética ou sem ideologia estética. "O artista é artista quando informa, pois informar é comunicar algo novo: é criar" (KOELLREUTTER, 1987, p. 13).

Impreciso: tendências substituem ocorrências definidas.

Improvisação: realização musical que deixa margem a interferências que não estão pré-determinadas.

Inciso: membro de um pensamento musical ou de uma frase.

Informação:

1) Transmissão de algo novo e desconhecido.

2) Qualidade que surge do grau de imprevisibilidade de signos e ocorrências musicais. É responsável pela originalidade da obra musical. Corresponde aos conceitos de surpresa, novidade e improbabilidade.

Integração: tende a transcender o racional, requer uma percepção sistática, é imensurável, transparenta presentificando e concretiza.

A concretização é uma das condições do pensamento integrador. Porque somente o que é concreto e se apresenta de modo completo tal como lhe é próprio em sua realidade pode ser integrado. O abstrato, que é de difícil compreensão, obscuro, vago e abstruso, não pode ser integrado.

A integração como maneira de perceber a realidade é um processo de inteiração, de tornar inteiro o objeto, enriquecendo-o pela conscientização das realizações anteriormente efetuadas.

Importante é a capacidade do integrante de adaptar-se aos níveis de culturas alienígenas e estranhas.

Interpretação:

1) Decodificação dos signos musicais.

2) Tradução subjetiva de uma obra.

Intuitivo – apreendido por vivência ao invés de medida.

Iteração: repetição do ato de formar um signo de outro, ou seja, a formação do signo a partir do signo.

L

Linguagem: sistema de signos, estabelecido naturalmente ou por convenção, que transmite informações ou mensagens de um sistema cibernético a outro (orgânico, social, sociológico, tecnológico etc).

Linha sonora: som contínuo produzido por um ou mais instrumentos melódicos, ou por uma ou mais vozes em uníssono; a linha pode ser reta, quebrada ou ondulada.

M

Manifestação cultural: a arte e a ciência, a palavra escrita e falada, tanto quanto a moda e a culinária, por exemplo. Atividades culturais que, através de seu estilo, temática e expressão, refletem níveis de consciência humana.

Melodia: sucessão de sons de alturas diferentes, caracterizada por um ritmo bem diversificado, cuja ordem obedece a uma pulsação fixa e perceptível, e por relações harmônico-tonais patentes ou latentes.

Mescla: fenômeno sonoro que contém, ao mesmo tempo, elementos de altura determinada e de ruídos.

Métrica: conjunto de fórmulas caracterizadas pela distribuição de tempos fortes e fracos ou curtos e longos, no decurso musical (diversificação qualitativa).

Métrico: refere-se à existência de um metro perceptível, regular ou irregular.

Microtom: intervalo entre dois sons, de tamanho menor que um semitom.

Monotonia: consequência e reflexo da consciência de unidade e inter-relação de todas as coisas e de todos os eventos, como manifestação de uma unidade básica.

Motivo: unidade estrutural elementar, melódica e/ou rítmica, com duração correspondente a duas ou três unidades de tempo.

Multidimensionalidade: qualidade que permite, na música, a realização de uma unidade estrutural no âmbito multidimensional, ou seja, de várias dimensões.

Multidirecionalidade: qualidade que permite a realização da partitura no âmbito multidirecional, ou seja, em várias direções.

N

Não métrico: que se refere à ausência do metro; não há tempos fortes nem fracos dispostos regular ou irregularmente. Ex.: música dos indígenas, canto gregoriano, *órganum*.

Nota sensível: valor qualitativo de um som, dentro de um determinado contexto, que parece dirigir e compelir a percepção a prosseguir em direção a outro som.

Notação aproximada: notação utilizada na música contemporânea. Grafa os signos sonoros de modo aproximado, sem se preocupar com a exatidão de correspondência entre os símbolos e o som pretendido.

Notação gráfica: notação utilizada na música contemporânea cujo intuito é estimular, motivar e sugerir a decodificação dos signos musicais.

Notação precisa: notação que objetiva atingir um grau máximo de precisão.

Notação roteiro: notação utilizada na música contemporânea. Somente delineia a sequência dos signos musicais.

O

Obra musical: meio de expressão que faz uso de um *continuum* de som e silêncio (audíveis e inaudíveis, reais e virtuais).
A obra musical apresenta-se com um todo dinâmico e indivisível, o qual necessita de interpretação, ou seja, de decodificação. Esta, no entanto, depende de análise e, forçosamente, de uma linguagem capaz de penetrar no conteúdo espiritual, intelectual e emocional da obra (KOELLREUTTER, 1987, pp. 1-2).

Ocorrência musical: o modo pelo qual se apresentam um ou mais signos sonoros.
Apesar de qualquer consequente ser nada mais do que uma probabilidade, conforme aumenta a probabilidade de um consequente em particular, as alternativas menos prováveis são excluídas da expectativa.
Elementos imprevisíveis modificam o sentido hipotético, obrigando a percepção a reconstituir a apreciação do decurso musical precedente. Ex.: atraso de elementos ou ocorrências esperadas no decurso da percepção; elementos que não ocorrem

conforme se espera; situações ambíguas que precedem ocorrências ou elementos antes esperados.

Onijetivo: relativo a um fenômeno que desconhece a divisão rigorosa entre as realidades subjetiva e objetiva. A estética e a teoria contemporâneas partem do conceito de um mundo que deixou de ser ou subjetivo ou objetivo para tornar-se onijetivo, ou seja, tanto subjetivo quanto objetivo.
"Objetividade implica em um mínimo de subjetividade."

P

Paradoxal: relativo a um modo de pensar que visa à complementaridade de conceitos aparentemente opostos.

Parâmetro: conjunto de características do som ou de agrupamentos de sons, física e objetivamente definíveis. Ex.: altura, duração, intensidade, timbre, **densidade**.

Partitura: disposição gráfica de todas as partes vocais e/ou instrumentais de uma composição, que permite sua leitura simultânea e integral.

Pausa: ausência de som. Elemento de articulação que separa, com distinção e clareza, as diversas partes da forma, de um trecho ou de uma frase.

Percepção: processo de discernir, distinguir, comparar e entender. A percepção auditiva consiste em relacionar uma determinada ocorrência musical com os antecedentes (percepção retrospectiva) e com os consequentes (percepção prospectiva).

Percepção sistática: processo de apreensão e unificação dos signos musicais por meio de integração, ideando um todo.

Planimetria: é uma técnica de composição que tem como base a Estética Relativista do Impreciso e do Paradoxal; maneira específica de organizar a música estruturalista. Levantamento cronográfico destinado a fornecer as medidas e proporções do plano partitura ou de uma de suas partes, isto é, a projeção gráfica das partes significativas do trecho. Realização de um espaço temporal vazio (plano ou fundo) pelo levantamento de ocorrências musicais.
O plano em forma de diagrama é o espaço onde se dão as ocorrências musicais, que contam com um nível alto de improvisação, já que a escolha das estruturas sonoras ocorre aleatoriamente.

Funde o princípio serial com a disposição particularizada dos componentes de uma composição estruturalista, pois as estruturas (*gestalten*), no sentido de unidades estruturais, substituem a melodia e a harmonia da música tradicional.

A planimetria desconhece contrastes no sentido dualista de oposição; "a sensação de unidade da composição resulta da audição e da percepção sistática como sinérese, isto é, os signos musicais são unidos e apreendidos em um todo único por meio da integração (percepção sistática), sendo que essa sensação de unidade não ocorre por meios racionais, e sim por processos arracionais (sinérese).

Em vez de processos de desenvolvimento, como ocorre na música tradicional, na estruturação planimétrica os sons se transformam constantemente, em um percurso que "dá nova forma, feição ou caráter ao signo musical; que o torna diferente do que era; que o submete a um processo de metamorfose (mudança de forma ou estrutura)" (KOELLREUTTER, 1985, p. 37).

Plano:

1) Espaço continente em que acontecem as ocorrências musicais.

2) Presentificação gráfica ou sintática de estrutura que se desenvolve multidimensionalmente.

Ponto: do ponto de vista sonoro, refere-se a uma ocorrência curta que resulta do som característico de um instrumento (xilofone, clave etc.) ou da maneira de tocar (pizzicato, staccato etc.).

Psofal: do grego *psóphos* = ruídos, tagarelice. Relativo a qualquer som articulado, seja tom, ruído ou mescla.

Pulsação: unidade fundamental de medida, regular ou irregular, perceptível ou não, de velocidade do decurso musical (andamento). Serve como referencial para a organização das relações temporais na partitura.

R

Racionalista: que enfatiza o pensar racional especulativo, em que as ideias estéticas são ideias "a priori", ou seja, racionalmente pré-estabelecidas.

Redundância: qualidade que surge da repetição de signos e ocorrências musicais. É responsável pela comunicabilidade e pela unidade formal e estilística da obra musical.

Ritmo: valores de durações diversas, subjugados ou não a uma ordem métrica.

Na composição de campos, o processo de desenvolvimento cede lugar ao processo de transformação. A determinação de graduações e tendências encontra-se entre o preciso e o impreciso, entre o determinado e o indeterminado.

Ruído: mistura composta de uma grande quantidade de sons distintos, cuja diferença de frequência parece predominantemente menor que os sons mais graves, ainda audíveis.

S

Semiótica: disciplina que estuda signos e símbolos, especialmente suas inter-relações e funções, tanto nas línguas naturais como nas construídas artificialmente.

Sentido musical:
1) Resultado subjetivo de sensações, emoções e estados de espírito, do inter-relacionamento sintático de signos musicais.
2) Resultado fenomenológico do interrelacionamento sintático de signos musicais.

Não deve ser confundido com o conceito de significado ou significação usado comumente na semiótica.

Distinguem-se três tipos de sentido:

    a) Hipotético: aquele atribuído previamente a um estímulo musical precedente, quando o consequente ainda é desconhecido.
    Refere-se ao que imaginamos como probabilidades de desenvolvimento de um determinado signo ou ocorrência musical.
    b) Evidente: aquele atribuído ao estímulo precedente em retrospecto, após o consequente ter sido apreendido, ou seja, após ter se revelado a relação real existente entre ambos.
    c) Definido: aquele que surge da totalidade das relações existentes entre o sentido hipotético, o sentido evidente e as fases posteriores da situação musical.

À medida que a música se desenrola no tempo, eventos posteriores se relacionam continuamente com os antecedentes e vice-versa. Um tema, por sua periodicidade de aparições, modifica nossa opinião primeira sobre seu sentido, por exemplo.

Os sentidos evidente e hipotético não surgem nem funcionam isolados um do outro. O sentido evidente modifica e também é modificado pelo sentido hipotético previamente atribuído.

O sentido definido surge somente após a experiência do trabalho através da memória, quando todas as implicações de estímulos, nos vários níveis hierárquicos, são compreendidas e suas inter-relações apreendidas o mais plenamente possível.

Serialismo: técnica de estruturação musical. Maneira de estruturar a composição baseando-se na ordenação serial de um ou mais parâmetros musicais utilizados na obra.

Signo: sinal que se refere a alguma coisa fora de si mesmo. Na música, distinguem-se os seguintes tipos de signos:

a) **signo simples**: tom, ruído, mescla.

b) **signo complexo**: composto de vários sons simultâneos. Ex.: simultanoide, acorde etc.

c) **signo composto**: consiste em mais de um signo simples ou complexo, formando um todo gestáltico. Ex.: motivo, inciso, **célula**, cadência.

d) **supersigno**: configuração que resulta da união de vários signos musicais, compostos e/ou complexos.

Silêncio:

1) Ausência de som. Meio de expressão. Recurso que tende a causar tensão, em consequência de expectativa. Não se restringe exclusivamente à ausência de som. A estética contemporânea abandona a distinção tradicional entre som e silêncio, sendo que o som não pode ser separado do espaço "vazio" do silêncio em que ocorre.

2) Sensação causada por monotonia, índice alto de redundância, reverberação, simplicidade, austeridade, delineamento, por exemplo.

Simultanoide: bloco sonoro resultante da emissão simultânea de três ou mais sons de alturas diferentes e que não podem ser ordenados exclusivamente em terças sobrepostas, como ocorre nos acordes. Ex.: dó-ré bemol-la-si; dó-mi-si; mi-la-si-ré.

Sinal: meio de transmissão a distância, portador de informações e de signos.

Sinérese: (do grego *sinaireo* = juntar, agrupar, unir, integrar vários elementos).

1) Resultado de um processo de percepção que causa a sensação de unidade integrando os elementos em um todo.

2) Sensação de unidade causada por um processo alógico de relacionamento dos signos musicais; integração de vários elementos por todos os lados e ao mesmo tempo.

Síntese:

1) Resultado de um processo racional, que procede de um elemento a outro, do simples ao complexo.

2) Sensação de unidade que parte da elaboração de tese e antítese, resultando em um conceito formal mais abrangente.

Sístase: processo perceptivo que reúne, junta, unifica partes em um todo. A sístase não causa, mas integra algo.

Sistema: conjunto de elementos entre os quais se pode encontrar ou definir algumas relações.

Sistemas de relações: relações inter-humanas, relações humano-objeto.

Som: tudo que soa. Ex.: tom, ruído, mescla.

De acordo com a nova estética, o som é nada mais do que um feixe de energia, escolhido e selecionado pela mente humana naquela parte do universo sonoro que é acessível ao ouvido.

Superar: o processo de transcender, exceder, ultrapassar, vencer.

T

Tema: supersigno individualizado que se destaca no decorrer da composição; elemento básico, gerador da maioria dos componentes da composição musical tradicional (clássica e romântica). O tema é consequência do pensamento individualista. Distinguem-se quatro tipos:

    a) **Tema período:** constituído de um período, dividido em dois semiperíodos simétricos e correspondentes em comprimento, forma e posição relativa de partes.

    b) **Tema evolutivo:** constituído de um período direcionado, ascendente ou descendentemente, a um ponto focal de desfecho ou clímax.

    c) **Tema antitético:** constituído de um período, dividido em dois semiperíodos que expressam ideias de caráter oposto.

    d) **Tema concêntrico:** constituído de dois semiperíodos que estão em lados opostos de um centro comum.

Tempo: medida conjecturada para relacionar as ocorrências entre si, e entre estas e o ser humano.

Temporismo: corrente de experiências que buscam compreender a verdadeira natureza do fenômeno tempo.

Ten-chi-jin: empregado em todos os campos artísticos e da vida japonesa, constitui-se em forma móvel de ordenação e relacionamento assimétrico de três elementos diferentes, em uma harmonia dinâmica. Sem a presença de elementos com formas idênticas, "ten-chi-jin" significa equilíbrio dinâmico; simetria; equilíbrio estático.

Todo: conjunto de elementos organizados de acordo com um princípio sólido de relações e inter-relações.

O todo não é divisível, podendo ser composto de partes distintas (o todo é mais do que a soma de suas partes). Pode ser considerado como estrutura na qual repousa a harmonia absoluta dos elementos.

Tom:

1) Som com altura determinada.

2) Intervalo de segunda maior, formado por dois semitons.

3) Relação de todos os elementos da estrutura harmônica com uma tônica, sua subdominante e sua dominante. Ex.: tom de ré maior.

Tonalidade: princípio de estruturação musical que relaciona os signos musicais com um centro de convergência denominado tônica.

Transcender: ultrapassar o sujeito para algo fora dele; exceder os limites da experiência sem anulá-la ou cancelá-la.

Transformação: processo que dá nova forma, feição ou caráter ao signo musical; que o torna diferente do que era; que o submete a um processo de metamorfose (mudança de forma e estrutura).

A composição de campos depende, principalmente, do equilíbrio das relações entre ordem e desordem, entre as camadas de pontos, linhas, **grupos** e **complexos sonoros** e entre os graus de adensamento e rarefação.

U

Unidade estrutural: conjunto formado por pontos e linhas sonoras, ruídos, mesclas ou outros signos musicais, percebidos de imediato como um todo.

V

Variação: processo de modificar um ou vários elementos constituintes de um signo musical composto de um motivo ou tema (duração, altura, distâncias intervalares, proporções temporais), conservando, ao mesmo tempo, outros.

Índice remissivo

A

Alfa privativo – 86, 117, 118, 119

Acausalidade – 58, 71, 117, 126

Acorde – 82, 88, 117, 119, 127, 134

Acronométrico – 70, 71, 117

Adjunção – 117, 126

A-histórico – 60, 117

Aleatório – 82, 117, 120

Altura – 66, 88, 117, 122, 129, 131, 134, 136, 137

Amétrico – 71, 104, 106, 118

Analisar – 43, 50, 118

Análise descritiva – 75, 118

Análise fenomenológica – 75, 118

Antinomia – 60, 117, 118

Arracional – 59, 61, 66, 70, 71, 72, 73, 118

Arte-ação/Arte-aplicada – 118

Arte-ciência/Arte experimental – 118

Arte-jogo/Arte-lúdica – 113, 114, 118

Atonalismo – 73, 118

B

Bidimensional – 59, 68, 69, 73, 122

Bloco sonoro – 117, 119, 134

C

Campos sonoros – 119

Causalidade – 70, 71, 119

Célula – 119, 134

Clagal – 73, 119

Cluster – 73, 119

Coautor – 81, 87, 88, 119

Compasso – 53, 69, 77, 81, 86, 119, 126

Complexo sonoro – 119, 136

Comunicação – 17, 42, 50, 51, 55, 72, 73, 100, 102, 106, 113, 114, 120, 124

Consciência – 14, 15, 17, 29, 30, 31, 39, 41, 42, 44, 49, 50, 51, 52, 55, 56, 58, 59, 60, 61, 62, 63, 64, 65, 66, 67, 68, 69, 70, 71, 72, 75, 76, 84, 92, 93, 94, 95, 96, 97, 98, 102, 108, 112, 120, 129

Consonância – 70, 120, 123

Continuum – 43, 53, 120, 130

Continuum espaço-tempo – 31, 51, 75, 112, 120

Contraponto – 31, 69, 84, 97, 120

Cronométrico – 69, 73, 82, 120

Cultura – 17, 30, 33, 34, 37, 42, 49,

51, 52, 54, 55, 56, 57, 59, 60, 62, 66,
70, 72, 76, 81, 93, 101, 102, 111, 112,
113, 117, 121, 125

D

Deduzir – 121, 126

Densidade – 121, 122, 131

Derivar – 89, 122, 126

Desenvolvimento – 14, 41, 44, 53,
54, 55, 59, 60, 62, 65, 66, 69, 77,
95, 99, 100, 103, 107, 109, 122, 124,
126, 132, 133

Dimensão – 50, 60, 62, 68, 71, 81,
99, 122

Dimensão pragmática – 50, 122

Dimensão semântica – 50, 122

Dimensão sintática – 50, 122

Dimensionamento – 57, 65, 122

Dissonância – 70, 122, 123

Dodecafonismo – 24, 28, 35, 36,
37, 38, 76, 77, 78, 89, 122, 125

Dualismo – 31, 53, 56, 60, 64, 70,
71, 84, 87, 93, 97, 101, 102, 123,
126, 132

Duração – 53, 66, 71, 77, 84, 87, 88,
90, 119, 120, 129, 131, 137

E

Elemental – 73, 88, 123

Elementos conjuntivos – 123, 127

Elementos disjuntivos – 123, 127

Ensaio – 30, 75, 83, 84, 87, 91, 92,
123

Estatístico – 117, 118, 120, 123

Estética – 30, 31, 38, 41, 43, 44, 45,
52, 53, 54, 69, 71, 76, 78, 79, 81, 82,
84, 93, 119, 120, 121, 123, 124, 125,
128, 131, 132, 134, 135

Estética descritiva – 124

Estética fenomenológica – 64,
124, 133

Estética informacional – 124

Estética normativa – 120, 122, 124

Estética relativista – 53, 71, 78, 79,
81, 119, 125, 131

Estilo – 39, 50, 52, 53, 66, 72, 73,
97, 118, 123, 124, 125, 129

Estrutura – 44, 45, 50, 52, 55, 70,
103, 118, 119, 123, 124, 126, 132,
136

Estruturalismo – 73, 125

F

Fenomenologia – 13, 14, 24, 56, 64,
101, 125

Forma – 38, 41, 49, 52, 64, 69, 72,
73, 82, 84, 89, 92, 93, 97, 118, 124,
126, 131, 132, 135, 136

Ftegmático – 73, 126

G

Gestalt – 14, 24, 77, 79, 81, 87, 120,
125, 127, 132, 134

Grupo de sons – 127, 136

H

Harmonia – 31, 53, 65, 70, 84, 97,
125, 127, 132, 136

Hólos – 31, 98, 128

Holístico – 14, 26, 72, 128

I

Ideologia – 26, 53, 54, 86, 87, 123,
125, 128

Impreciso – 49, 53, 71, 78, 79, 81, 82, 128, 131, 133

Improvisação – 87, 89, 91, 101, 102, 103, 104, 105, 106, 107, 108, 111, 128, 131

Inciso – 126, 128, 131

Informação – 24, 44, 46, 101, 107, 120, 124, 128, 129, 134

Integração – 30, 41, 43, 55, 56, 57, 61, 62, 63, 67, 84, 85, 96, 102, 104, 112, 121, 122, 128, 131, 132, 134

Intensidade – 60, 66, 71, 105, 108, 109, 111, 131

Interpretação – 50, 56, 76, 118, 123, 124, 128, 130

Intuitivo – 58, 59, 61, 66, 68, 71, 73, 129

Iteração – 126, 129

L

Linguagem – 32, 43, 45, 49, 50, 51, 68, 72, 92, 112, 124, 129, 130

Linha sonora – 41, 84, 89, 109, 119, 120, 129, 136

M

Manifestação cultural – 39, 50, 84, 129

Melodia – 53, 65, 70, 120, 125, 129, 132

Mescla – 53, 126, 129, 132, 134, 135, 136

Métrico – 53, 67, 69, 71, 81, 87, 104, 106, 107, 119, 129, 130, 133

Microtom – 119, 129

Monodimensional – 67, 68, 122

Monotonia – 99, 129, 134

Motivo – 121, 122, 123, 129, 134, 137

Multidimensional – 14, 71, 173, 89, 127, 129, 132

Multidirecional – 71, 87, 89, 127, 130

N

Não métrico – 69, 104, 106, 107, 130

Nota sensível – 73, 130

Notação aproximada – 73, 130

Notação gráfica – 73, 109, 130

Notação precisa – 69, 73, 109, 130

Notação roteiro – 73, 130

O

Obra de arte – 50, 52, 99, 114, 118, 123, 124

Obra musical – 22, 35, 43, 44, 118, 123, 124, 125, 126, 128, 130, 132

Ocorrência musical – 53, 71, 88, 119, 121, 122, 123, 126, 128, 130, 131, 132, 133

Onijetivo – 56, 131

P

Paradoxal – 49, 53, 71, 78, 89, 81, 131

Parâmetro – 71, 77, 131, 134

Partitura – 53, 118, 131, 131, 132

Pausa – 90, 105, 120, 131

Percepção – 24, 29, 30, 52, 53, 56, 60, 61, 62, 65, 68, 71, 72, 81, 82, 85, 87, 95, 97, 100, 118, 119, 124, 126, 127, 128, 130, 131, 132, 134

Planimetria – 30, 83, 84, 88, 89, 90, 131, 132

Plano – 17, 18, 30, 35, 44, 45, 48, 65, 71, 72, 74, 79, 89, 96, 99, 112, 120, 131, 132

Ponto – 89, 109, 132, 136

Psofal – 73, 132

Pulsação – 53, 77, 109, 118, 119, 129, 132

Q

Quadridimensionalidade – 53, 60, 71, 73, 81, 120, 122

R

Racionalismo – 31, 52, 58, 59, 62, 69, 70, 93, 97, 112, 126, 132

Redundância – 107, 124, 132, 134

Ritmo – 88, 104, 105, 106, 107, 108, 109, 119, 129, 133

Ruído – 53, 119, 126, 129, 132, 133, 134, 135, 136

S

Semiótica – 18, 133

Sentido musical – 50, 64, 111, 122, 130, 133, 134

Ser humano – 13, 24, 30, 32, 37, 39, 41, 49, 51, 55, 56, 57, 59, 60, 62, 63, 64, 67, 68, 69, 70, 72, 95, 99, 104, 114, 120, 121, 122, 135

Serialismo – 36, 37, 76, 77, 78, 81, 125, 132, 134

Signo – 49, 50, 51, 52, 53, 69, 71, 85, 87, 89, 117, 119, 122, 123, 124, 126, 127, 128, 129, 130, 131, 132, 133, 134, 135, 136, 137

Signo complexo – 134

Signo composto – 134

Signo simples – 134

Silêncio – 42, 51, 72, 75, 85, 87, 88, 90, 91, 93, 112, 113, 114, 120, 130, 134

Simultanoide – 119, 126, 134

Sinal – 49, 50, 69, 109, 134

Sinérese – 60, 114, 117, 126, 132, 134

Síntese – 41, 58, 60, 100, 117, 126, 135

Sistática – 61, 85, 126, 128, 131, 132

Sístase – 122, 135

Sistema – 44, 49, 50, 51, 60, 67, 69, 76, 78, 89, 97, 98, 101, 105, 121, 122, 124, 129, 135

Sistema de relações – 42, 56, 112, 120, 135

Som – 42, 49, 51, 53, 64, 66, 67, 72, 75, 76, 77, 79, 84, 85, 87, 88, 90, 91, 93, 108, 109, 111, 112, 113, 117, 119, 120, 121, 122, 123, 127, 129, 130, 131, 132, 133, 134, 135, 136

Superar – 31, 36, 41, 43, 52, 56, 65, 71, 72, 76, 79, 85, 93, 94, 97, 99, 101, 102, 135

Supersigno – 134

T

Tema – 31, 70, 93, 104, 123, 133, 135, 137

Tempo – 17, 20, 28, 31, 35, 37, 38, 42, 43, 51, 52, 53, 55, 56, 57, 58, 60, 65, 66, 67, 68, 69, 70, 71, 73, 75, 76, 77, 81, 82, 84, 85, 87, 90, 92, 93, 94, 102, 103, 104, 112, 113, 117, 118, 119, 120, 121, 122, 123, 125, 129, 130, 131, 132, 133, 134, 135, 136, 137

Temporismo – 84, 136

Ten-chi-jin – 89, 91, 136

Todo – 24, 31, 43, 53, 54, 62, 84, 85, 95, 98, 100, 101, 105, 106, 111, 120, 121, 122, 126, 127, 128, 130, 131, 132, 134, 135, 136

Timbre – 66, 105, 127, 131

Tom – 41, 126, 132, 134, 135, 136

Tonalidade – 60, 64, 65, 69, 73, 76, 77, 117, 118, 122, 125, 127, 136

Transcender – 28, 43, 45, 52, 57, 59, 60, 61, 69, 70, 71, 82, 84, 93, 94, 99, 101, 105, 113, 114, 117, 118, 128, 135, 136

Transformação – 18, 25, 28, 35, 36, 39, 42, 43, 51, 52, 53, 56, 57, 61, 62, 65, 66, 67, 70, 72, 77, 81, 84, 85, 92, 98, 103, 104, 111, 122, 126, 133, 136

Tridimensional – 60, 69, 73, 120, 122

U

Unidade estrutural – 79, 122, 125, 127, 129, 132, 136

V

Variação – 81, 103, 108, 109, 120, 122, 123, 126, 137

Referências

AMADIO, Ligia. *Koellreutter: um caminho rumo à Estética Relativista do Impreciso e do Paradoxal.* Dissertação de mestrado. Curso de mestrado em Artes do Instituto de Artes da Unicamp, Campinas-SP, 1999.

ANDRADE, Mário de. *O banquete.* Prefácio de Jorge Coli e Luiz Carlos da Silva Dantas. São Paulo: Duas Cidades, 1989.

ANSERMET, Ernest. *Les fondements de la musique dans la conscience humaine et autres écrits.* Préface de Jean Starobinski. Paris: Éditions Robert Laffont, 1989.

BRITO, Teca Alencar. *Koellreutter educador: o humano como objetivo da educação musical.* Prefácio de Carlos Kater. São Paulo: Peirópolis, 2001.

_____. *Música na educação infantil: propostas para a formação integral da criança.* Prefácio de Judith Akoschky. São Paulo: Peirópolis, 2003.

CAPRA, Fritjof. *O tao da física.* São Paulo: Cultrix, 1984.

_____. *O ponto de mutação.* São Paulo: Cultrix, 1989.

DÉCOURT, Maria Amélia. *A linguagem sonora como meio de comunicação: o processo construtivo da estética de H. J. Koellreutter.* Dissertação de mestrado. Programa de Pós-graduação em Comunicação e Semiótica, PUC-SP, 2002.

DELEUZE, Gilles. *Diferença e repetição.* Rio de Janeiro: Graal, 1988.

_____. *Mil platôs – capitalismo e esquizofrenia.* Trad. Suely Rolnik. Rio de Janeiro: Ed. 34, 1997, vol. 4 (coleção Trans).

ELGAR, Frank. *Mondrian.* Trad. Maria Emília Moura. Lisboa, Portugal: Verbo Editorial, 1973. Série Grande Artista.

FERRAZ, Silvio. *Música e repetição: a diferença na composição contemporânea.* São Paulo: Educ, 1998.

GARAUDY, Roger. *O Ocidente é um acidente.* Trad. Virgínia Novais da Mata Machado. Rio de Janeiro: Forense Universitária, 1983.

HEINSENBERG, Werner. *Física e filosofia*. Brasília: Universidade de Brasília, 1995.

HUANG, Al Chung-liang. *Embrace tiger, return to mountain*. Moab, Utah, Real People Press, 1973.

KATER, Carlos (org.). *Catálogo de obras de H. J. Koellreutter*. Belo Horizonte: Fundação de Educação Artística/Fapemig, 1997.

KATER, Carlos. "Aspectos educacionais do movimento Música Viva". *Revista da ABEM – Associação Brasileira de Educação Musical*, n.1, ano 1, 1992, pp. 22-34.

_____. *Cadernos de estudo: educação musical n. 6*. SP/BH: Atravez/EMUFMG/FEA/Fapemig, 1997.

_____. "H. J. Koellreutter: música e educação em movimento". *Cadernos de estudo: educação musical n. 6*. SP/BH: Atravez/EMUFMG/FEA, 1997, pp. 6-25.

_____. *Música Viva e H. J. Koellreutter – movimentos em direção à modernidade*. São Paulo: Musa/Atravez, 2001.

KOELLREUTTER, Hans-Joachim. *Three lectures on music*. Mysore: Prasaranga/Universidade de Mysore, 1968.

_____. *Estética – à procura de um mundo sem* vis-a-vis. São Paulo: Novas Metas, 1983.

_____. *Introdução a uma Estética Relativista do Impreciso e do Paradoxal*. São Paulo: IEA – Instituto de Estudos Avançados, USP, 1987 (apostila do curso).

_____. *Formas de pensamento e realização nas ciências e nas artes*. São Paulo: IEA -USP, 1989 (apostila do curso).

_____. *Estética e história da música como reflexos da mutações da consciência humana*. São Paulo: IEA -USP, 1990 (apostila do curso).

_____. *Terminologia de uma nova estética da música*. Porto Alegre: Movimento, 1990.

_____. "Educação musical no terceiro mundo: função, problemas e possibilidades". In: KATER, Carlos (org.). *Educação musical: cadernos de estudo n. 1*. SP/BH: Atravez/EMUFMG, 1990, pp. 1-8.

_____. "A nova imagem do mundo: estética, estruturalismo e planimetria". In: MARTINS, José Eduardo (ed.). *Revista Música*, n. 2, vol. 2, 1991. São Paulo: ECA-USP, pp. 85-90.

_____. "Educação e cultura em um mundo aberto como contribuição para promover a paz". In: KATER, Carlos (org.). *Educação musical: cadernos de estudo n. 6*. SP/BH: Atravez/EMUFMG/FEA, 1997, pp. 60-68.

_____. "O ensino da música num mundo modificado". In: KATER, Carlos (org.). *Educação musical: cadernos de estudo n. 6*, SP/BH: Atravez/EMUFMG/FEA, 1997, pp. 37-44.

_____. "O espírito criador e o ensino pré-figurativo". In: KATER, Carlos (org.). *Educação musical: cadernos de estudo n. 6*. SP/BH: Atravez/EMUFMG/FEA, 1997, pp. 53-57.

_____. "Por uma nova teoria da música, por um novo ensino da teoria musical". In: KATER, Carlos (org.). *Educação musical: cadernos de estudo n. 6*. SP/BH: Atravez/EMUFMG/FEA, 1997, pp. 45-52.

_____. "Sobre o valor e o desvalor da obra musical". In: KATER, Carlos (org.). *Cadernos de estudo: educação musical n. 6*. SP/BH: Atravez/EMUFMG/FEA, 1997, pp. 69-75.

_____. "A imagem do mundo na estética de nosso século". In: KATER, Carlos (org.). *Cadernos de estudo: educação musical n. 6*. SP/BH: Atravez/EMUFMG/FEA, 1997, pp. 103-106.

_____. "Educação musical hoje e, quiçá, amanhã". In: LIMA, Sonia A. (org). *Educadores musicais de São Paulo: encontro e reflexões*. São Paulo: Nacional, 1998, pp. 39-45.

MATURANA, Humberto Romesín. *A ontologia da realidade*. In: MAGRO, C.; GRACIANO, M. & VAZ, N. (orgs.). Belo Horizonte: Editora UFMG, 1997.

MATURANA, Humberto Romesín & VARELA, Francisco Garcia. *A árvore do conhecimento*. Trad. Jonas Pereira dos Santos. Campinas: Editorial, 1995.

MENDES, João. "A respeito da produção composicional de H. J. Koellreutter". *Brasiliana – Revista Quadrimestral da Academia Brasileira de Música, n. 11*. Rio de Janeiro: Academia Brasileira de Música, 2002.

MERLEAU-PONTY, Maurice. *Fenomenologia da percepção*. São Paulo: Martins Fontes, 1996.

MONDRIAN, Piet. *The new art – the new life* (the collected writings). Ed. e trad. Harry Holtzman e Martin S. James, 1987.

MORIN, Edgar & LE MOIGNE, Jean-Louis. *A inteligência da complexidade*. Trad. Nurimar Maria Falci. São Paulo: Peirópolis, 2000.

NEVES, José Maria. *Música contemporânea brasileira*. São Paulo: Ricordi Brasileira, 1981.

PORTO, Nélio Tanios. *O processo criativo de H. J. Koellreutter em Acronon*. Dissertação de mestrado. Programa de Pós-graduação em Comunicação e Semiótica, PUC-SP, 2001.

PORTO, Regina. "Hans-Joachim Koellreutter, o mestre". *Savoir faire*, n. 10. São Paulo: Casa Amarela, 1999.

_____. "A nota dissonante". *Bravo!*, n. 36, ano 3. São Paulo: Editora D'Avila, 2000.

SCHAPIRO, Meyer. *Mondrian: a dimensão humana da pintura abstrata*. Trad. Betina Bischot. São Paulo: Cosac & Naify, 2001.

ZAGONEL, Bernadete et CHIAMULERA, Salete (orgs.). *Introdução à estética e à composição musical contemporânea segundo H. J. Koellreutter*. Porto Alegre, Movimento, 1985.

ZUKAV, Gary. *A dança dos mestres Wu Li: uma visão geral da nova física*. Trad. Equipe da ECE Editorial. São Paulo: Editora de Cultura Espiritual, 1989.

Discografia

LP: *H. J. Koellreutter*. Rio de Janeiro: Tacape, 1983, T0012.

CD: *Koellreutter plural*. São Paulo: Centro Experimental de Música do Sesc, 1995.

CD: *Acronon*. Intérprete: Sérgio Villafranca. São Paulo: Documenta Vídeo Brasil, 2000.

Hipermídia

SALLES, Cecília Almeida. *Gesto inacabado: processo de criação artística*. CD-ROM. Centro de Estudos de Crítica Genética do Programa de Estudos Pós-graduados em Comunicação e Semiótica da Pontifícia Universidade Católica de São Paulo – PUC, 1999.

Videografia

KOELLREUTTER, Hans-Joachim. "Os problemas da educação no mundo que hora se inicia". Palestra integrante do *Ciclo de encontros: filosofias e métodos na educação musical do século XX*. Acervo Teca – Oficina de Música, São Paulo, 1990.

_____. *O humano como objetivo da educação musical.*
Palestra realizada na Teca – Oficina de Música. São Paulo: 1994.

VICALVI, Carlos (diretor). *Koellreutter e a música transparente.* São Paulo: Documenta Vídeo Brasil, 2000.

_____. *Concerto comentado – H. J. Koellreutter e Sérgio Villafranca.* São Paulo: Documenta Vídeo Brasil, 2000.

Título	Hans-Joachim Koellreutter: ideias de mundo, de música, de educação
Autora	Teca Alencar de Brito
Coordenação editorial	Lilian Scutti
Fotografias	Wilson Melo/Estadão Conteúdo (p. 1), Wilson Melo (p. 152), Acervo da autora (orelha)
Capa e diagramação	Carla Arbex
Revisão de texto	Tássia Gomes Santana
Revisão de provas	Jonathan Busato
Divulgação	Regina Brandão
	Bruno Tenan
Secretaria editorial	Eliane dos Santos
Formato	16 x 23 cm
Tipologia	Rotis Sans Serif
Papel	Certificado FSC® Cartão Supremo 250 g/m² (capa)
	Certificado FSC® Pólen Soft 80 g/m² (miolo)
Número de páginas	152
Tiragem	1500 exemplares
CTP, impressão e acabamento	Assahi